Addieren und Subtrahieren

1 **a)** $65 + 8 = 73$
   $39 + 5 = 44$
   $46 + 9 =$
   $78 + 7 =$

b) $32 + 45 =$
   $16 + 52 =$
   $27 + 31 =$
   $68 + 11 =$

c) $75 + 17 =$
   $48 + 48 =$
   $36 + 27 =$
   $57 + 35 =$

d) $28 + 19 =$
   $16 + 27 =$
   $25 + 38 =$
   $63 + 29 =$

2 **a)** $43 - 5 =$
   $67 - 9 =$
   $54 - 7 =$
   $31 - 4 =$

b) $36 - 13 =$
   $28 - 14 =$
   $55 - 22 =$
   $38 - 16 =$

c) $94 - 47 =$
   $56 - 28 =$
   $85 - 39 =$
   $43 - 15 =$

d) $61 - 42 =$
   $82 - 16 =$
   $75 - 38 =$
   $32 - 19 =$

3 **a)**

+	9	13	27	51	38
35					
26					

b)

−	8	14	36	53	22
83					
92					

4 **a)**

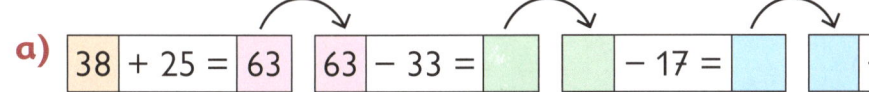

$38 + 25 = 63$ $63 - 33 =$ $\quad - 17 =$ $\quad + 49 = 62$

b)

$99 - 39 =$ $\quad - 14 =$ $\quad + 22 =$ $\quad + 11 = 79$

5 **a)**

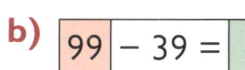

| 19 | 12 | 27 |

b)

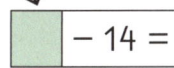

| 38 | 16 | 9 |

c)

| 21 | 16 | 8 |

6 Setze fort.

a)

| 12 | 24 | 36 | | | | 84 |

b)

| 15 | 30 | 45 | | | | 105 |

1 Wahr W oder falsch f ? Schreibe die richtige Lösung dahinter.

a) 73 − 54 = 19 *w*

57 + 25 = 92

82 − 34 = 48

56 + 24 = 90

b) 53 + 24 = 87

94 − 28 = 66

76 − 57 = 19

22 + 49 = 71

c) 34 + 56 = 100

100 − 59 = 41

96 + 0 = 0

65 − 65 = 1

2 Vervollständige die Aufgabenreihen und löse die Aufgaben.

a) 25 + 11 =

25 + 21 =

25 + 31 =

☐ + ☐ =

☐ + ☐ =

b) 5 + 17 =

15 + 17 =

25 + 17 =

☐ + ☐ =

☐ + ☐ =

c) 36 − 18 =

38 − 18 =

40 − 18 =

☐ − ☐ =

☐ − ☐ =

3 **a)** 38 + ☐ = 100

24 + ☐ = 100

89 + ☐ = 100

71 + ☐ = 100

b) 100 − 87 =

100 − 56 =

100 − ☐ = 69

100 − ☐ = 42

c) 52 − ☐ = 26

62 − ☐ = 26

72 − ☐ = 26

82 − ☐ = 26

4 **a)**

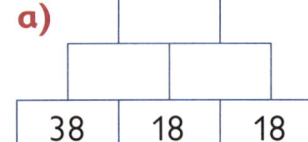

38 | 18 | 18

b)

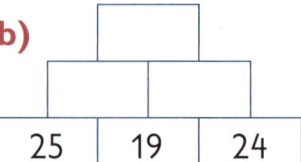

25 | 19 | 24

c)

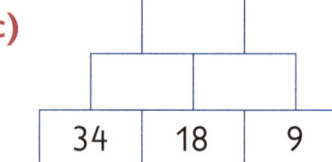

34 | 18 | 9

5 **a)**

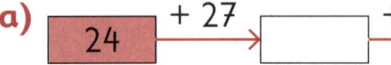

24 + 27 → + 14 → + 35 → − 47 → − 28 → 25

b)

93 − 25 → − 19 → − 26 → + 48 → + 29 → 100

c)

56 + 36 → − 44 → + 36 → − 27 → − 37 → 20

1: Lösungen auf wahr oder falsch überprüfen und korrigieren   2: Aufgabenreihen fortsetzen und lösen
3: Addieren und Subtrahieren   4: Rechenmauern lösen   5: Kettenaufgaben lösen

TÜ 1–2

VERKEHRSVERBUND
WARNOW

Information gem. Art. 13, 14 DSGVO, Stand: 05/2018

Die Rostocker Straßenbahn AG (nachfolgend RSAG) informiert nachfolgend über die Verarbeitung der personenbezogenen Daten der Betroffenen nach Art. 13, 14 Datenschutz-grundverordnung (DSGVO):

1.) Identität des Verantwortlichen:
Rostocker Straßenbahn AG, Hamburger Str. 115, 18069 Rostock, Vertretung durch den Vorstand, Frau Yvette Hartmann und Herrn Jan Bleis, Amtsgericht Rostock HRB 074.

2.) Kontaktdaten des Datenschutzbeauftragten
Rostocker Straßenbahn AG, Hamburger Str. 115, 18069 Rostock
E-Mail: Datenschutz@rsag-online.de

3.) Verarbeitungszwecke und Rechtsgrundlage
Die Datenverarbeitung erfolgt zum Zweck der Vertrags-abwicklung von Abonnement-Verfahren (ABO). Hier arbeitet die RSAG im Auftrag der Verkehrsverbund Warnow GmbH. Weiterer von der RSAG verfolgter Zweck der Datenverarbeitung ist die Erhebung und Überwachung der Zahlung des erhöhten Beförderungsentgeltes gemäß der Beförderungsbedingungen. Die Verarbeitung personenbezogener Daten ist nach Art. 6 Abs. 1 Buchstabe b DSGVO für die Erfüllung eines Vertrags mit der betroffenen Person erforderlich, da diese eine Zahlungsverpflichtung einschließt. Dies betrifft auch die notwendigen Angaben, die zur Befriedigung der Kundenanliegen benötigt werden, welche im Vertriebs-system der RSAG bearbeitet werden. Darüber hinaus ist die Datenverarbeitung nach Art. 6 Abs. 1 Buchstabe f DSGVO zur Wahrung unserer berechtigten Geschäfts-interessen erforderlich.

4.) Datenkategorien und Datenherkunft
Wir verarbeiten nachfolgende Kategorien von Daten: Stammdaten, Kommunikationsdaten, Vertragsdaten, Bankverbindungen, Zahlungsinformationen. Die Da-tenerhebung erfolgt bei der betroffenen Person. Zur Wahrung berechtigter Geschäftsinteressen nach Art. 6 Abs. 1 Buchstabe f DSGVO wird bei neuen Abonne-ment-Verträgen eine Bonitätsprüfung bei unserem ver-tragsgebundenen Inkassounternehmen durchgeführt.

5.) Empfänger der Daten
Eine Weitergabe der personenbezogenen Daten an Drit-te ohne Zweckbindung gemäß Punkt 3 findet nicht statt. Im Rahmen der Abwicklung der Abonnement-Verträge er-folgt bei Bedarf eine Übergabe der personenbezogenen

Daten an unseren vertragsgebundenen Dienstleister zum Zweck der Erstellung von Tickets und Kundenin-formationen.Die bargeldlosen Zahlungen in unseren Kundenzentren und an den Fahrausweisautomaten wer-den durch unseren vertragsgebundenen Dienstleister abgewickelt. Zur Durchführung des Forderungsmanage-ments, d.h. Vorbereitung des gerichtlichen Mahn- bzw. Klageverfahrens sowie Zwangsvollstreckungsverfahren u. ä., erfolgt die Datenübermittlung an unser vertrags-gebundenes Inkassounternehmen. Eine Übermittlung personenbezogenen Daten an Drittstaaten erfolgt nicht und ist nicht geplant.

6.) Dauer der Speicherung / Löschung
Der Gesetzgeber hat vielfältige Aufbewahrungspflichten und -fristen erlassen. Nach Ablauf dieser Fristen wer-den die entsprechenden Daten routinemäßig gelöscht. Sofern Daten hiervon nicht berührt sind, werden sie ge-löscht, wenn die unter 3. genannten Zwecke wegfallen.

7.) Rechte der betroffenen Person
Dem Betroffenen stehen bei Vorliegen der gesetzlichen Voraussetzungen folgende Rechte nach Art. 15 bis 22 DSGVO zu: Recht auf Auskunft, Berichtigung, Löschung, Einschränkung der Verarbeitung, auf Datenübertrag-barkeit. Außerdem steht dem Betroffenen nach Art. 14 Abs. 2 Buchstabe c in Verbindung mit Art. 21 DSGVO ein Widerspruchsrecht gegen die Verarbeitung zu, die auf Art. 6 Abs. 1 Buchstabe f DSGVO beruht.

8.) Beschwerderecht bei der Aufsichtsbehörde
Der Betroffene hat gemäß Art. 77 DSGVO das Recht, sich bei der Aufsichtsbehörde zu beschweren, wenn er der Ansicht ist, dass die Verarbeitung seiner personenbe-zogenen Daten nicht rechtmäßig erfolgt.

Bestellung eines Deutschland-Tickets

VERKEHRSVERBUND WARNOW GMBH

Stampfmüllerstr. 40
18057 Rostock

USt.- IdNr. DE 196763006

Beginn ab ☐☐ **2 0** ☐☐
Monat   Jahr

1. PERSÖNLICHE ANGABEN

Persönliche Angaben der Nutzer*in

☐ männlich ☐ weiblich ☐ divers   Zutreffendes bitte ankreuzen

Nachname

Vorname

Straße und Hausnummer

PLZ   Ort

Geburtsdatum   Telefon

Vertragsnehmer *in (wenn abweichend von Nutzer*in)

☐ männlich ☐ weiblich ☐ divers   Zutreffendes bitte ankreuzen

Nachname

Vorname

Straße und Hausnummer

PLZ   Ort

Geburtsdatum   Telefon

D-TICKET

Der Antrag wird bearbeitet durch

VVW ABO-Zentrale
Rostocker
Straßenbahn AG
Hamburger Str. 115
18069 Rostock

Servicetelefon
0381 / 802 1900

Fax
0381 / 802 2900

E-Mail
abo@verkehrsverbund-warnow.de

Diese Spalte wird von der RSAG ausgefüllt.

Datum

erfasst durch

geprüft durch

Vertragsnummer

Kundennummer

Gültig ab

2. ABO-KARTE

Gewünschtes Produkt ankreuzen

☐ Deutschlandticket in der VVW-App   oder   ☐ Deutschlandticket als Chipkarte

E-Mail-Adresse des Nutzenden
(E-Mail-Adresse darf nur einmal verwendet werden)

3. SEPA-LASTSCHRIFTMANDAT

D E 9 2 V T R 0 0 0 0 0 0 0 2 3 2 4 2
Gläubiger-Identifikationsnummer

Ich ermächtige die RSAG, Zahlungen von meinem Konto mittels Lastschrift einzuziehen. Zugleich weise ich mein Kreditinstitut an, die von der RSAG auf mein Konto gezogenen Lastschriften einzulösen.

Mandatsreferenz (wird von der RSAG ausgefüllt)

Hinweis: Ich kann innerhalb von acht Wochen, beginnend mit dem Belastungsdatum, die Erstattung des belasteten Betrages verlangen. Es gelten dabei die mit meinem Kreditinstitut vereinbarten Bedingungen.

☐ männlich ☐ weiblich ☐ divers   Zutreffendes bitte ankreuzen

Nachname (Kontoinhaber*in)   Vorname (Kontoinhaber*in)

Straße und Hausnummer   PLZ   Ort

Kreditinstitut   BIC

IBAN

Datum | Ort   Unterschrift des/der Kontoinhaber*in

4. KENNTNISNAHME, DATENSCHUTZ

Ich habe die Allgemeinen Bedingungen für das Deutschlandticket und die Tarif- und Gemeinsamen Beförderungsbestimmungen des VVW zur Kenntnis genommen und erkenne sie an. Die AGBs finden Sie unter www.verkehrsverbund-warnow.de/agb und in den Serviceeinrichtungen der Verkehrsunternehmen des Verbundes. Es gelten die Beförderungsbedingungen des jeweiligen Verkehrsunternehmens.

Ich willige gemäß Art. 7 DSGVO ein, dass die im Bestellantrag anfallenden personenbezogenen Daten durch die RSAG zum eigenen Zweck der Vertragsabwicklung nach Art. 6, Abs. 1 (b) DSGVO und zur Wahrung berechtigter Geschäftsinteressen nach Art. 6, Abs. 1 (f) DSGVO verarbeitet werden. Nach Ihrer Einwilligung verwendet die RSAG verwendet Ihre Daten für eigene Marktforschungszwecke (Art. 6 Abs. 1 Buchst. a) DSGVO). Auf der Chipkarte werden nur die für die Ticketprüfung erforderlichen personenbezogenen Daten gespeichert (Name, Vorname, Geschlecht, Geburtsdatum). Die Angabe des Geschlechts ist freiwillig. Die im Rahmen einer Ticketprüfung ausgelesenen persönlichen Daten werden nicht gespeichert. Werden Tickets gesperrt (z. B. bei Kündigung oder Verlust), werden den Verkehrsunternehmen diese Daten in Form einer Sperrliste, die beim Verkehrsverbund Warnow geführt wird, zur Verfügung gestellt. Diese Sperrliste enthält nur die gesperrten Ticketnummern und als das ausgebende Verkehrsunternehmen. Ich stimme diesem ausdrücklich zu. Die unter Ziffer 11 abgedruckten Datenschutzbestimmungen habe ich zur Kenntnis genommen und erkenne sie mit meiner Unterschrift ausdrücklich an. Die Datenschutzinformation gemäß Art. 13 DSGVO habe ich erhalten.

Datum   Unterschrift des/der Vertragsnehmer*in   Unterschrift des/der Kontoinhaber*in
(wenn abweichend vom Vertragsnehmer*in)

Ich bin damit einverstanden, dass meine Daten für die Markt- und Meinungsforschung zur Erfüllung eigener Zwecke verwendet werden, dass ich während meiner Vertragslaufzeit über folgende Wege zu aktuellen Angeboten und Informationen des Verkehrsverbundes Warnow informiert werden darf. Ich kann meine Einwilligung jederzeit für die Zukunft widerrufen. Meine Angaben werden nicht an unbeteiligte Dritte weitergegeben.

☐ Ich möchte Angebote und Informationen erhalten.   ☐ E-Mail   ☐ Brief   ☐ Telefon

☐ Ich möchte keine Angebote und Informationen erhalten.

Datum   Unterschrift des/der Vertragsnehmer*in/
ges. Vertreter*in

Information gem. Art. 13, 14 DSGVO, Stand: 05/2018

Die Rostocker Straßenbahn AG (nachfolgend RSAG) informiert nachfolgend über die Verarbeitung der personenbezogenen Daten der Betroffenen nach Art. 13, 14 Datenschutzgrundverordnung (DSGVO):

1.) Identität des Verantwortlichen:
Rostocker Straßenbahn AG, Hamburger Str. 115, 18069 Rostock, Vertretung durch den Vorstand, Frau Yvette Hartmann und Herrn Jan Bleis, Amtsgericht Rostock HRB 074.

2.) Kontaktdaten des Datenschutzbeauftragten
Rostocker Straßenbahn AG, Hamburger Str. 115, 18069 Rostock
E-Mail: Datenschutz@rsag-online.de

3.) Verarbeitungszwecke und Rechtsgrundlage
Die Datenverarbeitung erfolgt zum Zweck der Vertragsabwicklung von Abonnement-Verfahren (ABO). Hier arbeitet die RSAG im Auftrag der Verkehrsverbund Warnow GmbH. Weiterer von der RSAG verfolgter Zweck der Datenverarbeitung ist die Erhebung und Überwachung der Zahlung des erhöhten Beförderungsentgeltes gemäß der Beförderungsbedingungen. Die Verarbeitung personenbezogener Daten ist nach Art. 6 Abs. 1 Buchstabe b DSGVO für die Erfüllung eines Vertrags mit der betroffenen Person erforderlich, da diese eine Zahlungsverpflichtung einschließt. Dies betrifft auch die notwendigen Angaben, die zur Befriedigung der Kundenanliegen benötigt werden, welche im Vertriebssystem der RSAG bearbeitet werden. Darüber hinaus ist die Datenverarbeitung nach Art. 6 Abs. 1 Buchstabe f DSGVO zur Wahrung unserer berechtigten Geschäftsinteressen erforderlich.

4.) Datenkategorien und Datenherkunft
Wir verarbeiten nachfolgende Kategorien von Daten: Stammdaten, Kommunikationsdaten, Vertragsdaten, Bankverbindungen, Zahlungsinformationen. Die Datenerhebung erfolgt bei der betroffenen Person. Zur Wahrung berechtigter Geschäftsinteressen nach Art. 6 Abs. 1 Buchstabe f DSGVO wird bei neuen Abonnement-Verträgen eine Bonitätsprüfung bei unserem vertragsgebundenen Inkassounternehmen durchgeführt.

5.) Empfänger der Daten
Eine Weitergabe der personenbezogenen Daten an Dritte ohne Zweckbindung gemäß Punkt 3 findet nicht statt. Im Rahmen der Abwicklung der Abonnement-Verträge erfolgt bei Bedarf eine Übergabe der personenbezogenen Daten an unseren vertragsgebundenen Dienstleister zum Zweck der Erstellung von Tickets und Kundeninformationen. Die bargeldlosen Zahlungen in unseren Kundenzentren und an den Fahrausweisautomaten werden durch unseren vertragsgebundenen Dienstleister abgewickelt. Zur Durchführung des Forderungsmanagements, d.h. Vorbereitung des gerichtlichen Mahn- bzw. Klageverfahrens sowie Zwangsvollstreckungsverfahren u. ä., erfolgt die Datenübermittlung an unser vertragsgebundenes Inkassounternehmen. Eine Übermittlung personenbezogenen Daten an Drittstaaten erfolgt nicht und ist nicht geplant.

6.) Dauer der Speicherung / Löschung
Der Gesetzgeber hat vielfältige Aufbewahrungspflichten und -fristen erlassen. Nach Ablauf dieser Fristen werden die entsprechenden Daten routinemäßig gelöscht. Sofern Daten hiervon nicht berührt sind, werden sie gelöscht, wenn die unter 3. genannten Zwecke wegfallen.

7.) Rechte der betroffenen Person
Dem Betroffenen stehen bei Vorliegen der gesetzlichen Voraussetzungen folgende Rechte nach Art. 15 bis 22 DSGVO zu: Recht auf Auskunft, Berichtigung, Löschung, Einschränkung der Verarbeitung, auf Datenübertragbarkeit. Außerdem steht dem Betroffenen nach Art. 14 Abs. 2 Buchstabe c in Verbindung mit Art. 21 DSGVO ein Widerspruchsrecht gegen die Verarbeitung zu, die auf Art. 6 Abs. 1 Buchstabe f DSGVO beruht.

8.) Beschwerderecht bei der Aufsichtsbehörde
Der Betroffene hat gemäß Art. 77 DSGVO das Recht, sich bei der Aufsichtsbehörde zu beschweren, wenn er der Ansicht ist, dass die Verarbeitung seiner personenbezogenen Daten nicht rechtmäßig erfolgt.

Bestellung eines Deutschland-Tickets

VERKEHRSVERBUND WARNOW GMBH

Stampfmüllerstr. 40
18057 Rostock

USt.- IdNr. DE 196763006

Beginn ab ⬜⬜ **2 0** ⬜⬜
Monat   Jahr

1. PERSÖNLICHE ANGABEN

Persönliche Angaben der Nutzer*in

⬜ männlich   ⬜ weiblich   ⬜ divers   Zutreffendes bitte ankreuzen

Nachname

Vorname

Straße und Hausnummer

PLZ   Ort

Geburtsdatum   Telefon

Vertragsnehmer *in (wenn abweichend von Nutzer*in)

⬜ männlich   ⬜ weiblich   ⬜ divers   Zutreffendes bitte ankreuzen

Nachname

Vorname

Straße und Hausnummer

PLZ   Ort

Geburtsdatum   Telefon

2. ABO-KARTE

Gewünschtes Produkt ankreuzen

⬜ Deutschlandticket in der VVW-App   oder   ⬜ Deutschlandticket als Chipkarte

E-Mail-Adresse des Nutzenden
(E-Mail-Adresse darf nur einmal verwendet werden)

3. SEPA-LASTSCHRIFTMANDAT

D E 9 2 V T R 0 0 0 0 0 0 0 0 2 3 2 4 2
Gläubiger-Identifikationsnummer

Mandatsreferenz (wird von der RSAG ausgefüllt)

⬜ männlich   ⬜ weiblich   ⬜ divers   Zutreffendes bitte ankreuzen

Nachname (Kontoinhaber*in)

Straße und Hausnummer

Kreditinstitut

IBAN

Datum | Ort

Ich ermächtige die RSAG, Zahlungen von meinem Konto mittels Lastschrift einzuziehen. Zugleich weise ich mein Kreditinstitut an, die von der RSAG auf mein Konto gezogenen Lastschriften einzulösen.

Hinweis: Ich kann innerhalb von acht Wochen, beginnend mit dem Belastungsdatum, die Erstattung des belasteten Betrages verlangen. Es gelten dabei die mit meinem Kreditinstitut vereinbarten Bedingungen.

Vorname (Kontoinhaber*in)

PLZ   Ort

BIC

Unterschrift des/der Kontoinhaber*in

4. KENNTNISNAHME, DATENSCHUTZ

Ich habe die Allgemeinen Bedingungen für das Deutschlandticket und die Tarif- und Gemeinsamen Beförderungsbestimmungen des VVW zur Kenntnis genommen und erkenne sie an. Die AGBs finden Sie unter www.verkehrsverbund-warnow.de/agb und in den Serviceeinrichtungen der Verkehrsunternehmen des Verbundes. Es gelten die Beförderungsbedingungen des jeweiligen Verkehrsunternehmens.

Ich willige gemäß Art. 7 DSGVO ein, dass die im Bestellantrag anfallenden personenbezogenen Daten durch die RSAG zum eigenen Zweck der Vertragsabwicklung nach Art. 6, Abs. 1 (b) DSGVO und zur Wahrung berechtigter Geschäftsinteressen nach Art. 6, Abs. 1 (f) DSGVO verarbeitet werden. Nach Ihrer Einwilligung verwendet die RSAG verwendet Ihre Daten für eigene Marktforschungszwecke (Art. 6 Abs. 1 Buchst. a) DSGVO). Auf der Chipkarte werden nur die für die Ticketprüfung erforderlichen personenbezogenen Daten gespeichert (Name, Vorname, Geschlecht, Geburtsdatum). Die Angabe des Geschlechts ist freiwillig. Die im Rahmen einer Ticketprüfung ausgelesenen persönlichen Daten werden nicht gespeichert. Werden Tickets gesperrt (z. B. bei Kündigung oder Verlust), werden den Verkehrsunternehmen diese Daten in Form einer Sperrliste, die beim Verkehrsverbund Warnow geführt wird, zur Verfügung gestellt. Diese Sperrliste enthält nur die gesperrten Ticketnummern und uns als das ausgebende Verkehrsunternehmen. Ich stimme diesem ausdrücklich zu. Die unter Ziffer 11 abgedruckten Datenschutzbestimmungen habe ich zur Kenntnis genommen und erkenne sie mit meiner Unterschrift ausdrücklich an. Die Datenschutzinformation gemäß Art. 13 DSGVO habe ich erhalten.

Datum   Unterschrift des/der Vertragsnehmer*in   Unterschrift des/der Kontoinhaber*in
(wenn abweichend vom Vertragsnehmer*in)

Ich bin damit einverstanden, dass meine Daten für die Markt- und Meinungsforschung zur Erfüllung eigener Zwecke verwendet werden, dass ich während meiner Vertragslaufzeit über folgende Wege zu aktuellen Angeboten und Informationen des Verkehrsverbundes Warnow informiert werden darf. Ich kann meine Einwilligung jederzeit für die Zukunft widerrufen. Meine Angaben werden nicht an unbeteiligte Dritte weitergegeben.

⬜ Ich möchte Angebote und Informationen erhalten.   ⬜ E-Mail   ⬜ Brief   ⬜ Telefon

⬜ Ich möchte keine Angebote und Informationen erhalten.

Datum   Unterschrift des/der Vertragsnehmer*in/
ges. Vertreter*in

Multiplizieren und Dividieren

1 **a)** $1 \cdot 8 =$
     $2 \cdot 8 =$
     $10 \cdot 8 =$
     $5 \cdot 8 =$

  b) $2 \cdot 4 =$
     $4 \cdot 4 =$
     $6 \cdot 4 =$
     $8 \cdot 4 =$

  c) $3 \cdot 6 =$
     $7 \cdot 2 =$
     $4 \cdot 5 =$
     $3 \cdot 8 =$

  d) $9 \cdot 3 =$
     $5 \cdot 6 =$
     $8 \cdot 7 =$
     $5 \cdot 10 =$

2 **a)** $20 : 5 =$
     $30 : 5 =$
     $45 : 5 =$
     $25 : 5 =$

  b) $40 : 8 =$
     $64 : 8 =$
     $48 : 8 =$
     $32 : 8 =$

  c) $16 : 4 =$
     $21 : 3 =$
     $35 : 7 =$
     $18 : 2 =$

  d) $40 : 5 =$
     $63 : 9 =$
     $72 : 8 =$
     $36 : 4 =$

3 **a)** $\cdot 3$

5	
8	
4	
6	

  b) $\cdot 9$

3	
7	
	36
	81

  c) $: 4$

40	
32	
20	
28	

  d) $: 7$

49	
28	
	6
	8

4 **a)**
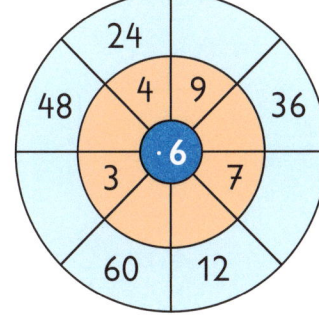

  b)
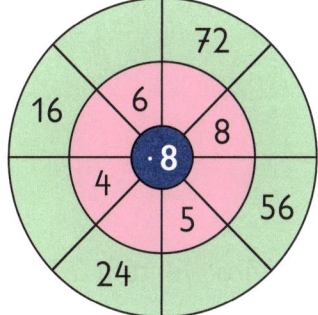

5 Finde zu den Würfelbauten eine passende Multiplikationsaufgabe.

  a)

   $\square \cdot \square = \square$

  b)

   $\square \cdot \square = \square$

  c)
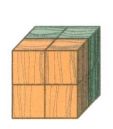
   $\square \cdot \square = \square$

  d)
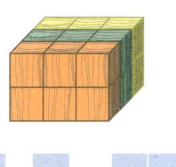
   $\square \cdot \square = \square\square$

6 **a)** $4 \cdot \square = 8$
     $2 \cdot \square = 12$

  b) $\square \cdot 4 = 36$
     $\square \cdot 3 = 27$

  c) $\square \cdot 7 = 28$
     $9 \cdot \square = 81$

  d) $\square \cdot 3 = 15$
     $9 \cdot \square = 72$

Multiplizieren und Dividieren – Dividieren mit Rest

1
Eine Woche hat 7 Tage.

Vier Wochen haben ☐☐ Tage.

Sieben Wochen haben ☐☐ Tage.

Neun Wochen haben ☐☐ Tage.

Achtundzwanzig Tage sind ☐ Wochen.

Zweiundvierzig Tage sind ☐ Wochen.

Sechsundfünfzig Tage sind ☐ Wochen.

2 **a)**

·	3	10	9	4	8
5					
9					

b)

:	4	2	3	1	6
24					
12					

3 Vervollständige zu Quadraten. Schreibe die Multiplikationsaufgabe darunter.

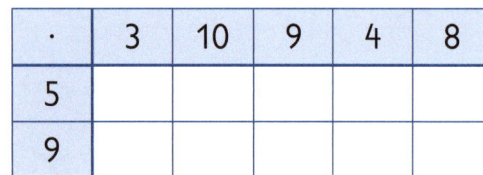

2 · ☐ = ☐

☐ · ☐ = ☐

☐ · ☐ = ☐

☐ · ☐ = ☐

4 Max verteilt 24 Bonbons gerecht an 6 Kinder.

Frage: _____

Aufgabe:

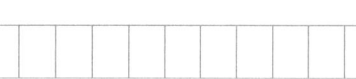

Antwort: _____

5 21 : 4 = 5   Rest 1 , denn 5 · 4 = 20 und 20 + 1 = 21

22 : 3 = ☐   Rest ☐ , denn _____

25 : 6 = ☐   Rest ☐ , denn _____

36 : 8 = ☐   Rest ☐ , denn _____

39 : 4 = ☐   Rest ☐ , denn _____

1: Umrechnen   2: Multiplizieren und Dividieren in Tabellen   3: Multiplikationsaufgaben finden
und lösen   4: Frage finden, Aufgabe lösen und beantworten   5: Dividieren mit Rest

TÜ 3–6

Addieren, Subtrahieren, Multiplizieren und Dividieren

1 Addieren oder subtrahieren?

a)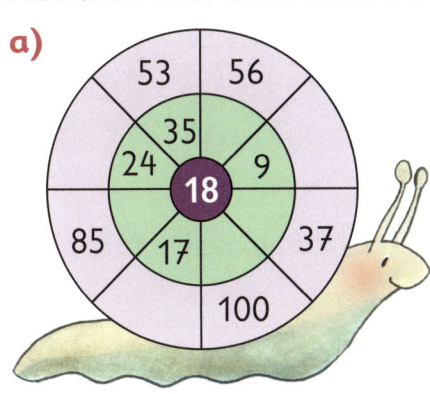

b)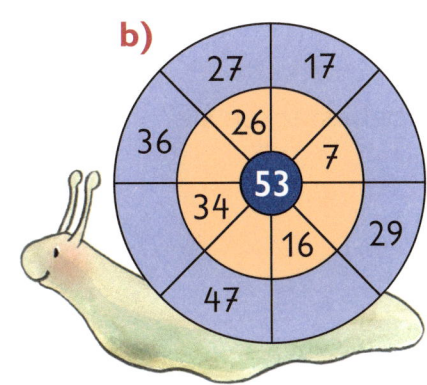

2

Start
| 100 | $\xrightarrow{-25}$ | | $\xrightarrow{+17}$ | | $\xrightarrow{-8}$ | | $\xrightarrow{-16}$ | |

$\downarrow +24$

Ziel
| 100 | $\xleftarrow{+20}$ | | $\xleftarrow{+54}$ | | $\xleftarrow{-19}$ | | $\xleftarrow{-47}$ | |

3 a) $3 \cdot 9 = $ b) $4 \cdot = 24$
  $6 \cdot 7 = $ $8 \cdot = 48$
  $8 \cdot 5 = $ $7 \cdot = 28$
  $6 \cdot 6 = $ $8 \cdot = 64$

4 a) $32 : 8 = $ b) $64 : = 8$
  $45 : 9 = $ $21 : = 3$
  $63 : 7 = $ $56 : = 8$
  $72 : 9 = $ $81 : = 9$

5 Finde die fehlenden Zahlen in den Einmaleins-Schlangen.

a) 6 | 12
b) 7 | | | 35
c) 80 | 72

6 Eine Firma spendet drei Grundschulen 42 Bälle.
Jede Schule bekommt gleich viele Bälle.

Frage: _____

Aufgabe: ⬚⬚⬚⬚⬚⬚⬚⬚⬚⬚⬚⬚⬚⬚⬚⬚⬚⬚⬚⬚⬚⬚⬚⬚⬚

Antwort: _____

1 und 2: Addieren und Subtrahieren   3 und 4: Multiplizieren und Dividieren 5: Malfolgen erkennen,
fehlende Zahlen ergänzen   6: Frage und Aufgabe finden; Aufgabe lösen und Frage beantworten   TÜ 7   5

Sachaufgaben – Im Schulgarten

1 Lisa und Max stecken Tulpenzwiebeln.
Sie legen 5 Reihen mit jeweils
8 Zwiebeln.
Wie viele Tulpenzwiebeln stecken sie?

Aufgabe:

Antwort: _____

2 Ben und Anna pflanzen insgesamt
56 Erdbeersetzlinge in 8 Reihen.
Wie viele Setzlinge pflanzen sie
in eine Reihe?

Aufgabe:

Antwort: _____

3 Tom und Ben helfen beim Aufladen der
Kisten mit den gepflückten Äpfeln.
Sie haben schon 18 Kisten aufgeladen.
Insgesamt müssen 35 Kisten
verladen werden.

Frage: _____

Aufgabe:

Antwort: _____

4 Für die Bepflanzung der Rabatten am Weg wurden
Blumenzwiebeln angeliefert. In den Kartons waren
Krokuszwiebeln für 36 Euro, Tulpenzwiebeln für 16 Euro
und Osterglockenzwiebeln für 27 Euro.

Frage: _____

Aufgabe:

Antwort: _____

Die Hunderterzahlen

1 **a)** Schreibe als Zahlwort.

100 _einhundert_ _____

200 _____

400 _____

1000 _____

b) Schreibe die Zahl.

_500_ fünfhundert

_____ achthundert

_____ siebenhundert

_____ neunhundert

2 Setze das richtige Zeichen: < oder > .

a) 200 ⬤ 100

300 ⬤ 400

500 ⬤ 600

b) 400 ⬤ 600

200 ⬤ 400

300 ⬤ 800

c) 500 ⬤ 300

800 ⬤ 900

900 ⬤ 100

d) 700 ⬤ 200

900 ⬤ 400

500 ⬤ 1000

3 **a)** Ordne. Beginne mit der kleinsten Zahl.

b) Beginne mit der größten Zahl.

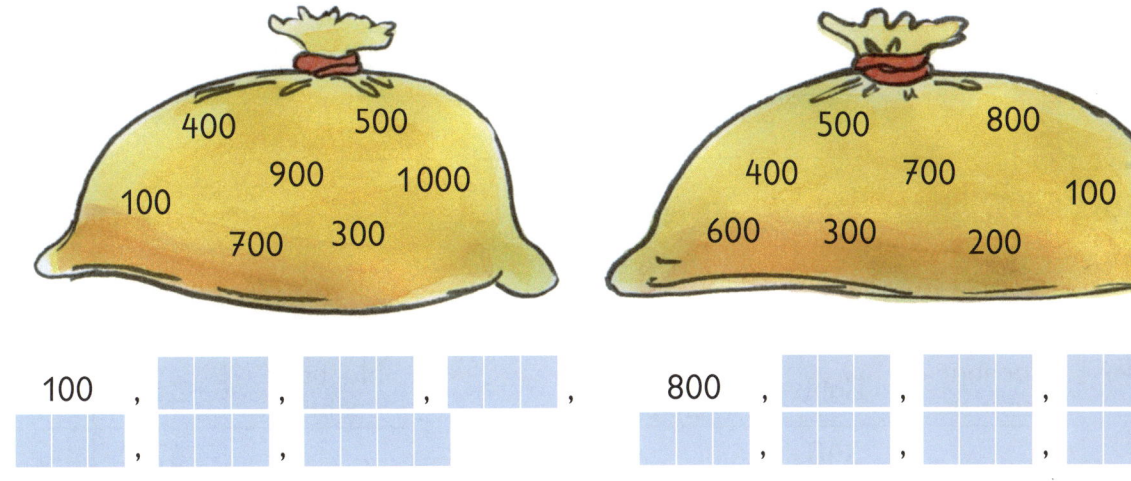

100 , ⬜⬜ , ⬜⬜ , ⬜⬜ ,
⬜⬜ , ⬜⬜ , ⬜⬜

800 , ⬜⬜ , ⬜⬜ , ⬜⬜ ,
⬜⬜ , ⬜⬜ , ⬜⬜

4 **a)**

Nachbar-hunderter	Zahl	Nachbar-hunderter
	300	
	700	
	500	

b)

Nachbar-hunderter	Zahl	Nachbar-hunderter
	600	
	800	
	900	

5 Nenne immer die Hunderterzahl, die zwischen den Zahlen liegt.

a) 200 und 400: ⬜⬜

400 und 600: ⬜⬜

b) 300 und 500: ⬜⬜

600 und 800: ⬜⬜

c) 100 und 300: ⬜⬜

500 und 700: ⬜⬜

1: Zahlwörter bzw. Zahlen schreiben   2: Relationszeichen setzen   3: Hunderterzahlen ordnen
4: Nachbarhunderter bestimmen   5: Hunderterzahlen finden

TÜ 9

7

Die Zehnerzahlen

Ich gehe in Zehnerschritten.

1 Zähle in Zehnerschritten und schreibe auf.

a) 130 , ⬜ , ⬜ , ⬜ , ⬜ , ⬜ , 190

b) ⬜ , 450 , ⬜ , ⬜ , ⬜ , ⬜ , 500

c) 870 , ⬜ , ⬜ , ⬜ , ⬜ , ⬜ , 930

d) ⬜ , ⬜ , 580 , ⬜ , ⬜ , ⬜ , 620

680   690

2 Schreibe die Zehnerzahl auf,

a) die zwischen 200 und 300 liegt und 4 Zehner hat. ⬜

b) die zwischen 500 und 600 liegt und 8 Zehner hat. ⬜

c) die zwischen 800 und 900 liegt und einen Zehner hat. ⬜

3 Schreibe zu jeder Zahl das Zahlwort.

Du kannst im Wörterbuch nachsehen.

a) 450: *vierhundertfünfzig* _____

b) 230: _____

c) 510: _____

d) 660: _____

4 a)

Nachbar-zehner	Zahl	Nachbar-zehner
	340	
	580	
	230	

b)

Nachbar-zehner	Zahl	Nachbar-zehner
	620	
	740	
	470	

5 Setze das richtige Zeichen: < oder > .

a) 310 ⬤ 290

b) 410 ⬤ 420

c) 900 ⬤ 890

d) 280 ⬤ 240

450 ⬤ 540

970 ⬤ 790

710 ⬤ 750

910 ⬤ 970

6 Nenne immer die Zehnerzahl, die zwischen den Zahlen liegt.

a) 320 und 340: ⬜

b) 830 und 850: ⬜

c) 400 und 420: ⬜

140 und 160: ⬜

920 und 940: ⬜

550 und 570: ⬜

8

1: Zahlen aufschreiben   2 und 6: Gesuchte Zahlen notieren   3: Zahlwörter schreiben
4: Nachbarzehner bestimmen 5: Relationszeichen setzen

TÜ 10

Alle Zahlen bis 1000

1 Ordne den Buchstaben die richtigen Zahlen zu.

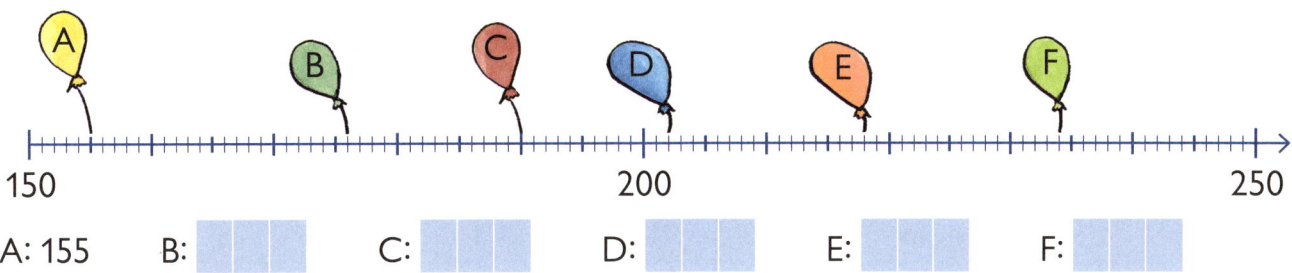

A: 155   B: ▢▢▢   C: ▢▢▢   D: ▢▢▢   E: ▢▢▢   F: ▢▢▢

2 Schreibe die fehlenden Zahlen auf.

a) 437 , 438 , ▢ , ▢ , ▢ , ▢ , ▢ , ▢ , 445
b) 595 , ▢ , ▢ , ▢ , ▢ , ▢ , ▢ , ▢ , 603
c) ▢ , ▢ , ▢ , 232 , ▢ , ▢ , ▢ , ▢ , 237
d) ▢ , ▢ , 190 , ▢ , ▢ , ▢ , 194 , ▢ , ▢

3 Schreibe das richtige Zahlwort zur Zahl.

a) 145: _einhundertfünfundvierzig_

b) 870: _____

c) 999: _____

d) 706: _____

Mein Wörterbuch hilft mir dabei.

4 Ergänze den Vorgänger (V), die Zahl (Z) und den Nachfolger (N).

a)

V	Z	N
	108	
	701	
	300	

b)

V	Z	N
	400	
	666	
	99	

c)

V	Z	N
		613
		542
		778

5 Setze das richtige Zeichen: < oder > .

a) 188 ◯ 200   **b)** 431 ◯ 426   **c)** 578 ◯ 587   **d)** 209 ◯ 210

373 ◯ 337   602 ◯ 610   749 ◯ 649   187 ◯ 157

Geldwerte bis 1000 Euro

1 Wie viel Euro sind es? Lege nach und trage den Betrag ein.

a)

100	50	10	5	1€	Betrag
1	1	2	1	3	€
3	–	5	1	4	€
4	–	8	–	5	€
5	1	3	–	–	€

b)

200	100	50	20	2€	1€	Betrag
3	2	1	1	2	3	€
4	–	2	4	3	5	€
1	3	1	3	–	8	€
2	2	2	–	2	3	€

2 Lege 748 € auf unterschiedliche Weise. Trage jeweils die Anzahl der verwendeten Scheine und Münzen in die Tabelle ein.

200	100	50	20	10	5	2€	1€
3	1		2		1	1	1

3 a)

1€	10	1	Betrag
			2,13 €

b)

10	1€	10	1	Betrag
				€

c)

1€	10	1	Betrag
			€

d)

10	1€	10	1	Betrag
				€

4 Ergänze die fehlenden Schreibweisen.

in Cent	138 ct	312 ct	ct		
in Euro und Cent	1 € 38 ct	€ ct	4 € 25 ct		4 € 8 ct
in Euro	1,38 €	€	€	7,90 €	

1: Geldbeträge bestimmen   2: Geldbetrag auf unterschiedliche Weise legen   3: Geldbeträge bestimmen und in Kommaschreibweise notieren   4: Geldbeträge in unterschiedlichen Schreibweisen angeben

TÜ 13

Strecken und Punkte

1 **a)** Verlängere die Strecke $\overline{DE}$ um 50 mm.
Benenne den neuen Endpunkt mit F.

b) Wie lang ist die Gesamtstrecke $\overline{DF}$?

$\overline{DF}$ = ☐☐ mm

D

E

2 Verbinde die Punkte A, B, C und D so, dass ein Rechteck entsteht.
Gib die Länge der Rechteckseiten in Zentimeter an.
Färbe gleich lange Strecken in der gleichen Farbe.

D ✕　　　　　　　　　　✕ C

A ✕　　　　　　　　　　✕ B

$\overline{AB}$ = ☐ cm

_____ = ☐ cm

_____ = ☐ cm

_____ = ☐ cm

3 **a)** Zeichne eine Strecke $\overline{EF}$ = 12 cm.

b) Zeichne eine weitere Strecke $\overline{GM}$, die halb so lang ist.

c) Gib die Länge der Strecken in Millimeter an: $\overline{EF}$ = ☐☐☐ mm; $\overline{GM}$ = ☐☐ mm

4 Welche Strecken findest du an der Figur?
Gib die Länge der Strecken in Millimeter an.

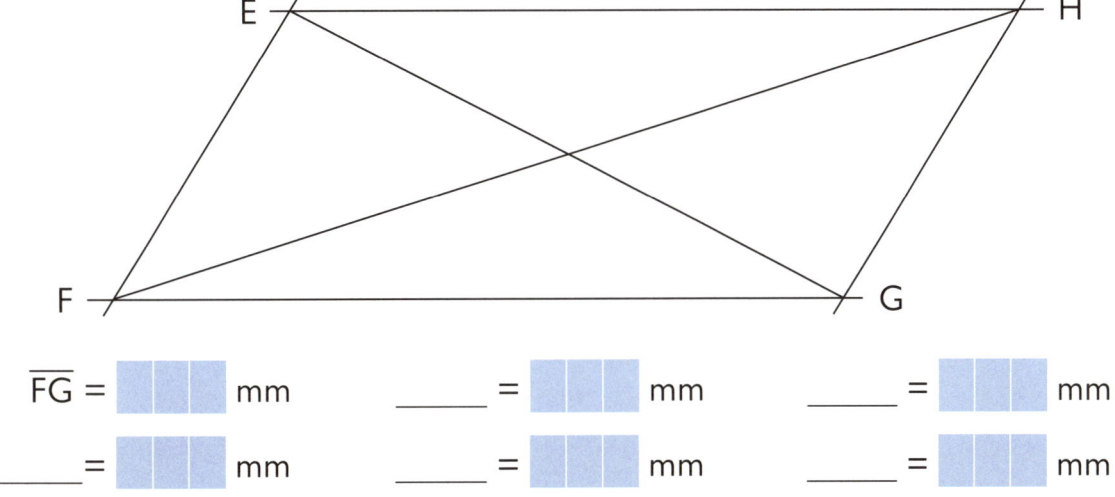

$\overline{FG}$ = ☐☐☐ mm　　_____ = ☐☐☐ mm　　_____ = ☐☐☐ mm

_____ = ☐☐☐ mm　　_____ = ☐☐☐ mm　　_____ = ☐☐☐ mm

Strecken, die zueinander parallel sind

1 Zeichne Strecken, die zueinander parallel sind, mit gleicher Farbe nach.

2 Zeichne die Strecken, die parallel zur Strecke $\overline{AB}$ sind, rot nach.

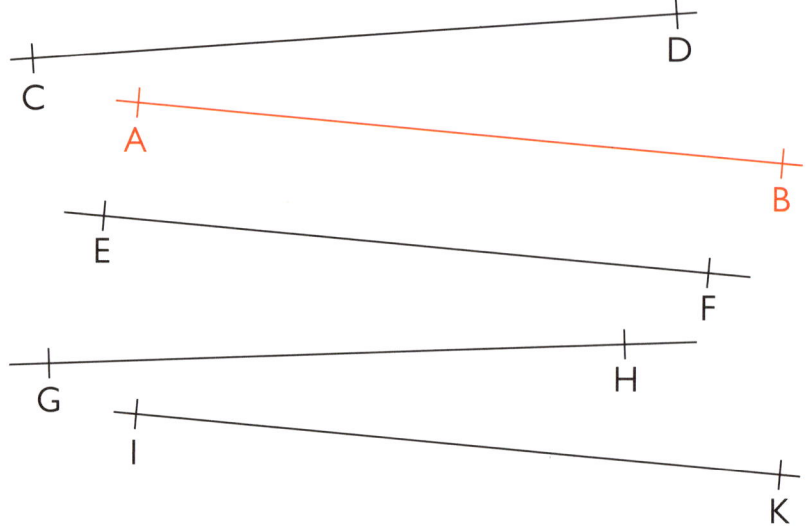

3 Zeichne zu jeder Strecke zwei parallele Strecken mit dem Geodreieck.

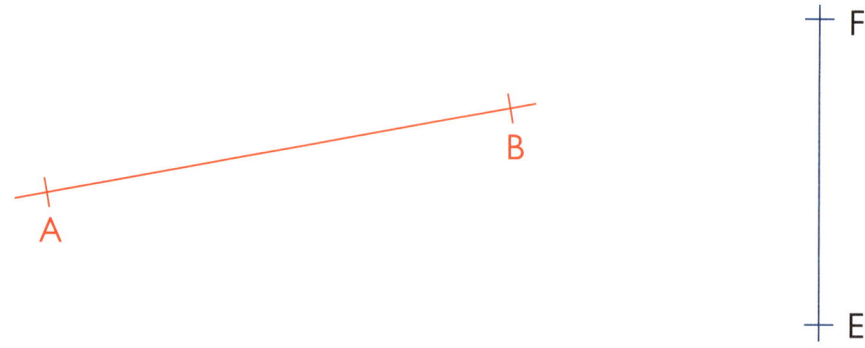

12
1: Parallele Strecken erkennen und nachzeichnen   2: Parallele Strecken erkennen und rot nachzeichnen
3: Zu den gegebenen Strecken jeweils zwei parallele Strecken zeichnen
TÜ 15

Strecken, die zueinander senkrecht sind

1 Welche Strecken sind senkrecht zueinander?

a)

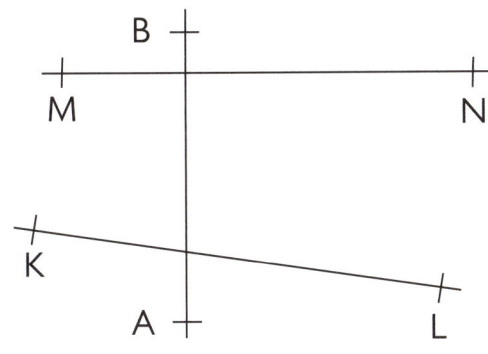

b)

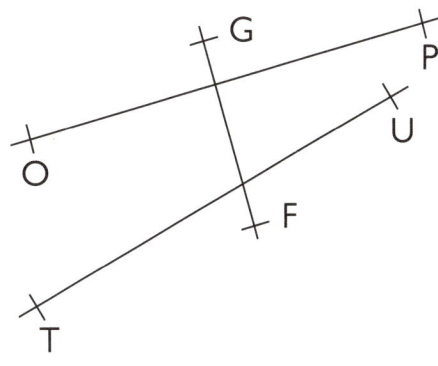

a) $\overline{AB}$ ist senkrecht zu _____ .

b) $\overline{FG}$ ist senkrecht zu _____ .

2 Zeichne zu jeder Strecke eine Strecke, die senkrecht zu dieser ist.

a)

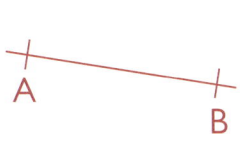

b)

c)

d)

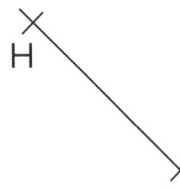

3 Überprüfe mit dem Geodreieck, welche Strecken zueinander senkrecht sind.
Färbe diese Strecken in der gleichen Farbe.

a)

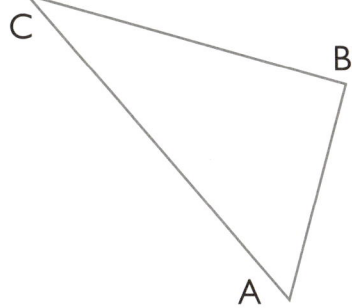

b)

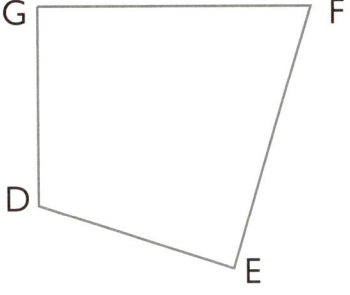

Addieren und Subtrahieren mit Hunderterzahlen

1   **a)** 200 + 600 =

       800 + 100 =

       300 + 300 =

       400 + 600 =

b) 900 − 300 =

    500 − 400 =

    700 − 500 =

    600 − 200 =

c) 300 +   = 500

    100 +   = 900

    800 −   = 600

    700 −   = 200

2   **a)**

+	200	300	500
435			
291			

b)

−	400	600	100
888			
622			

3   Rechne und male die Felder unten mit den Ergebniszahlen aus.

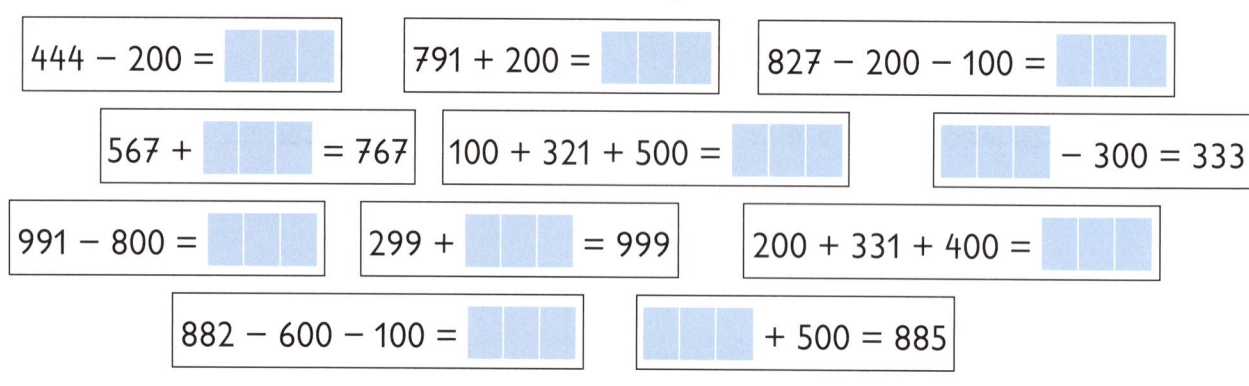

444 − 200 =   791 + 200 =   827 − 200 − 100 =

567 +   = 767   100 + 321 + 500 =   − 300 = 333

991 − 800 =   299 +   = 999   200 + 331 + 400 =

882 − 600 − 100 =   + 500 = 885

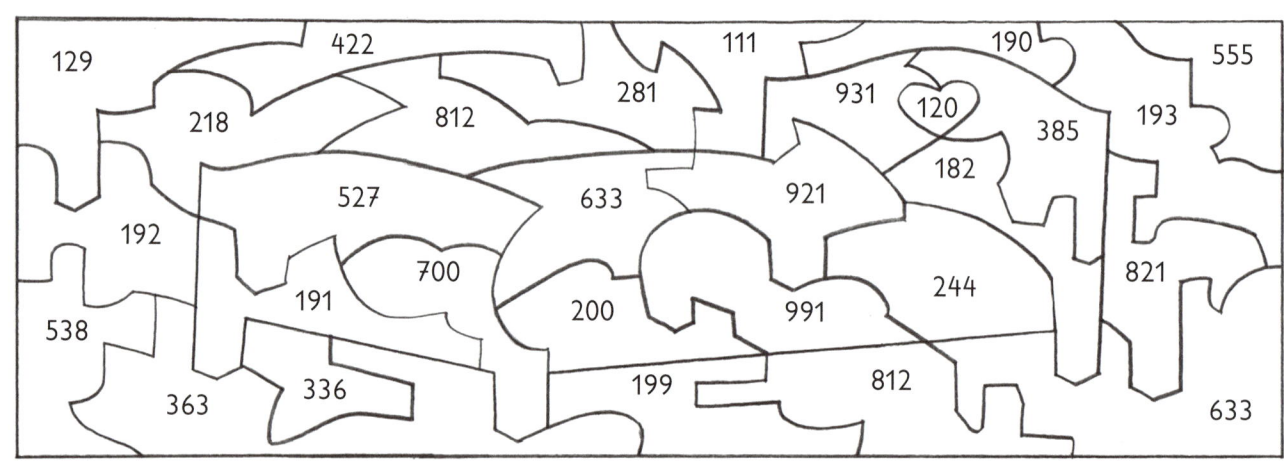

129   422   111   190   555

218   812   281   931 120   385 193

527   633   921 182

192   700   244 821

191   200   991

538   336   199   812

363   633

4   Schreibe die Aufgabe und löse sie.

Ich addiere 400 zu 365.

Ich subtrahiere 800 von 990.

Addieren und Subtrahieren mit Zehnerzahlen und dreistelligen Zahlen

1 **a)** 230 + 60 = ▦ **b)** 730 + 50 = ▦ **c)** 780 + ▦ = 790

810 + 50 = ▦ 450 + 20 = ▦ 110 + ▦ = 150

620 + 70 = ▦ 230 + 30 = ▦ 920 + ▦ = 970

470 + 10 = ▦ 950 + 40 = ▦ 330 + ▦ = 380

10	40
50	50
260	290
470	480
690	780
860	990

2 **a)** 190 − 30 = ▦ **b)** 680 − 40 = ▦ **c)** 390 − ▦ = 320

460 − 30 = ▦ 820 − 20 = ▦ 170 − ▦ = 110

950 − 50 = ▦ 540 − 10 = ▦ 840 − ▦ = 820

350 − 20 = ▦ 280 − 60 = ▦ 490 − ▦ = 420

20	60
70	70
160	220
330	430
530	640
800	900

3 Unter welchen Bäumen suchen die Enten Schatten? Verbinde.

4 **a)**

+	40	60	50
520			
432			

b)

−	30	40	20
390			
948			

5 **a)** 122 ct + 40 ct = ▦ ct **b)** 980 m − 70 m = ▦ m

970 ct + 20 ct = ▦ ct 450 m − 40 m = ▦ m

444 ct + ▦ ct = 494 ct 654 m − ▦ m = 634 m

Addieren und Subtrahieren von Zehnern – Hunderterübergang

1 **a)** 480 + 30 = ☐☐☐   **b)** 670 + 50 = ☐☐☐   **c)** 560 + ☐☐ = 610

      330 + 80 = ☐☐☐   290 + 70 = ☐☐☐   790 + ☐☐ = 810

      750 + 90 = ☐☐☐   390 + 90 = ☐☐☐   680 + ☐☐ = 730

      570 + 70 = ☐☐☐   680 + 40 = ☐☐☐   450 + ☐☐ = 530

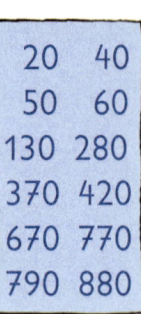

20	50
50	80
360	410
480	510
640	720
720	840

2 **a)** 340 − 60 = ☐☐☐   **b)** 220 − 90 = ☐☐☐   **c)** 730 − ☐☐ = 680

      710 − 40 = ☐☐☐   840 − 70 = ☐☐☐   310 − ☐☐ = 290

      960 − 80 = ☐☐☐   430 − 60 = ☐☐☐   540 − ☐☐ = 480

      840 − 50 = ☐☐☐   510 − 90 = ☐☐☐   630 − ☐☐ = 590

20	40
50	60
130	280
370	420
670	770
790	880

3 Rechne und färbe passend.

780 + 80   910 − 80   850 − 70   790 + 40   770 + 60   870 − 90

840 − 60   930 − 70   830 − 50   790 + 70

700 + 80   920 − 90   690 + 90   760 + 70

910 − 50

830   780   860

5-mal ▬ (grün)
6-mal ▬ (rot)
4-mal ▬ (blau)

4 **a)**
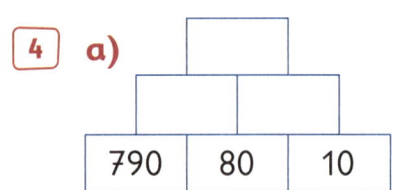
| 790 | 80 | 10 |

b)
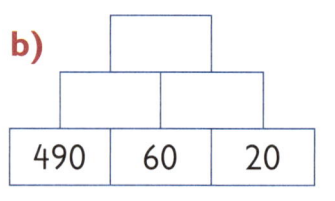
| 490 | 60 | 20 |

c)
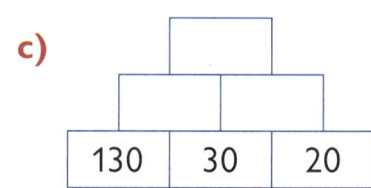
| 130 | 30 | 20 |

5

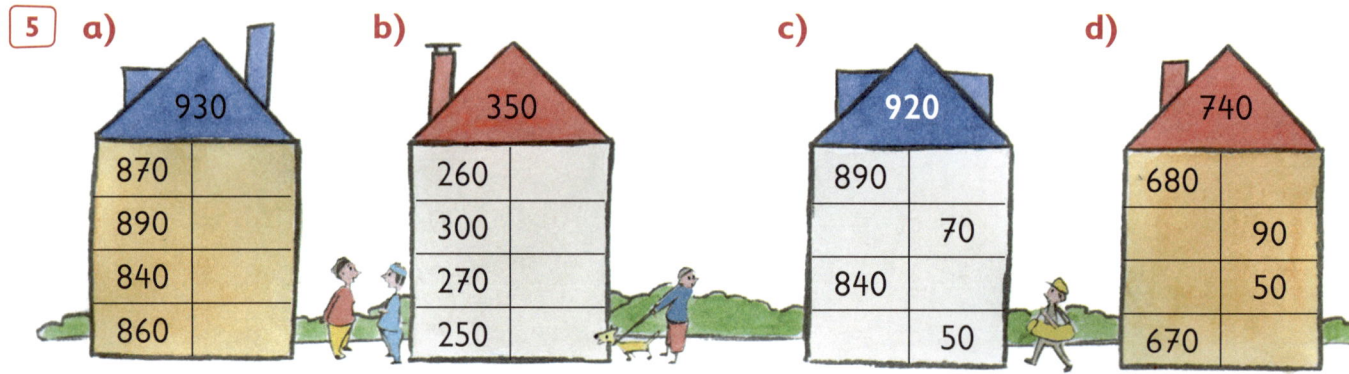

a) 930

870	
890	
840	
860	

b) 350

260	
300	
270	
250	

c) 920

890	
	70
840	
	50

d) 740

680	
	90
	50
670	

Addieren und Subtrahieren mit einstelligen und dreistelligen Zahlen

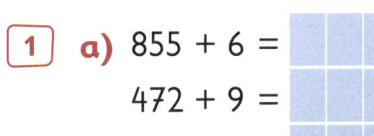

1   **a)** 855 + 6 = ☐☐☐   **b)** 129 + 9 = ☐☐☐   **c)** 557 + ☐ = 564

     472 + 9 = ☐☐☐   338 + 3 = ☐☐☐   227 + ☐ = 233

     284 + 7 = ☐☐☐   765 + 8 = ☐☐☐   988 + ☐ = 997

     166 + 8 = ☐☐☐   477 + 5 = ☐☐☐   318 + ☐ = 322

4	6	7	9
138	174		
291	341		
481	482		
773	861		

2

+	3	7	5	6
745				
374				
597				
188				

3

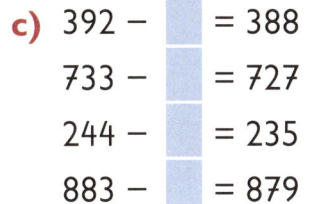

Rechenrad: außen 493, innen 6 7 9 5 4 8, Mitte 487

4   **a)** 143 − 6 = ☐☐☐   **b)** 531 − 8 = ☐☐☐   **c)** 392 − ☐ = 388

     785 − 9 = ☐☐☐   846 − 7 = ☐☐☐   733 − ☐ = 727

     532 − 4 = ☐☐☐   772 − 5 = ☐☐☐   244 − ☐ = 235

     926 − 8 = ☐☐☐   191 − 6 = ☐☐☐   883 − ☐ = 879

4	4	6	9
137	185		
523	528		
767	776		
839	918		

5

−	7	8	6	4
433				
891				
605				
202				

6

Rechenrad: außen 791 789 788 790 787 786, innen 4, Mitte 795

7   **a)**

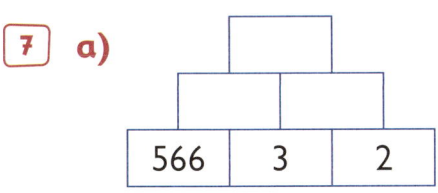

566 | 3 | 2

b)

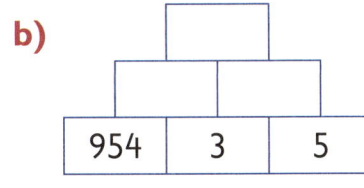

954 | 3 | 5

c)

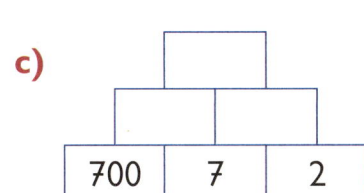

700 | 7 | 2

1 und 4: Addieren und Subtrahieren   2 und 5: Addieren und Subtrahieren in Tabellen
3 und 6: Rechenrad lösen   7: Rechenmauern lösen

TÜ 20   17

Addieren und Subtrahieren mit zweistelligen und dreistelligen Zahlen

1 **a)** 222 + 24 = ⬚⬚⬚ **b)** 156 + 35 = ⬚⬚⬚ **c)** 344 + 48 = ⬚⬚⬚

584 + 13 = ⬚⬚⬚ 348 + 29 = ⬚⬚⬚ 727 + 64 = ⬚⬚⬚

335 + 52 = ⬚⬚⬚ 863 + 36 = ⬚⬚⬚ 555 + 29 = ⬚⬚⬚

826 + 43 = ⬚⬚⬚ 529 + 55 = ⬚⬚⬚ 273 + 18 = ⬚⬚⬚

191	246
291	377
387	392
584	584
597	791
869	899

2 313 —+12→ ⬚ —+26→ ⬚ —+19→ ⬚ —+15→ ⬚ —+14→ 399

3 **a)** 867 − 23 = ⬚⬚⬚ **b)** 243 − 34 = ⬚⬚⬚ **c)** 752 − 19 = ⬚⬚⬚

489 − 52 = ⬚⬚⬚ 348 − 13 = ⬚⬚⬚ 537 − 28 = ⬚⬚⬚

668 − 46 = ⬚⬚⬚ 555 − 27 = ⬚⬚⬚ 391 − 63 = ⬚⬚⬚

274 − 43 = ⬚⬚⬚ 762 − 35 = ⬚⬚⬚ 253 − 35 = ⬚⬚⬚

209	218
231	328
335	437
509	528
622	727
733	844

4 996 —−14→ ⬚ —−23→ ⬚ —−17→ ⬚ —−18→ ⬚ —−15→ 909

5 Rechne und färbe passend ein.

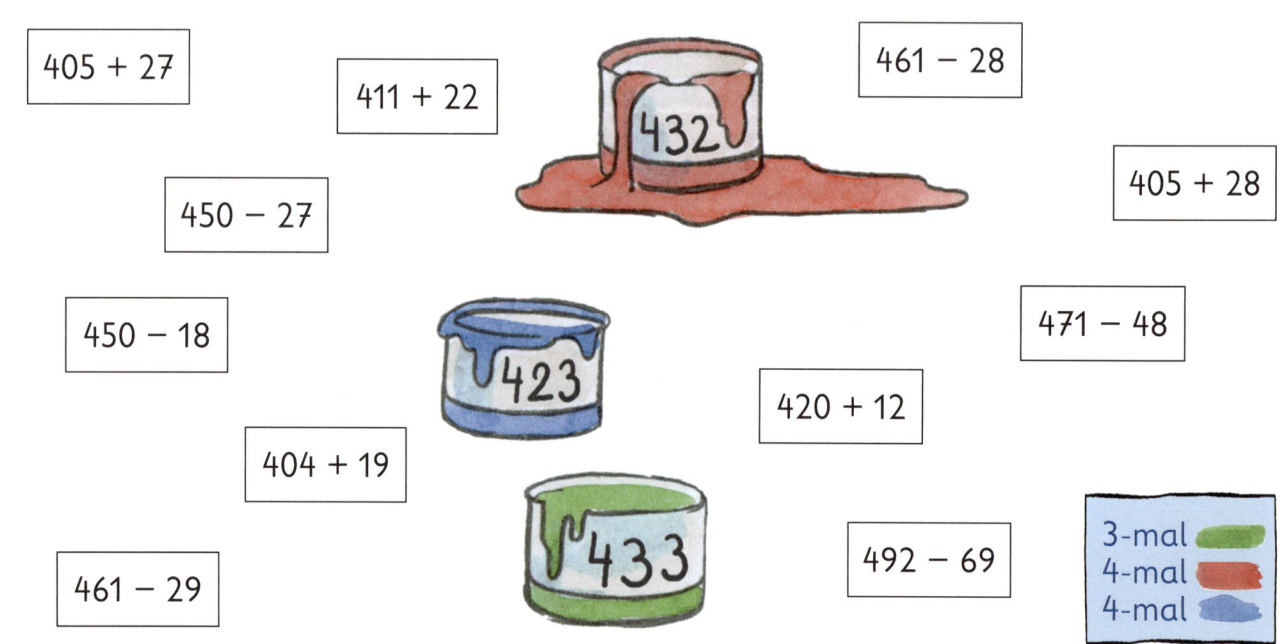

405 + 27

411 + 22

461 − 28

405 + 28

450 − 27

450 − 18

471 − 48

404 + 19

420 + 12

461 − 29

492 − 69

432

423

433

3-mal 🟢
4-mal 🔴
4-mal 🔵

Addieren und Subtrahieren

1 Welche Blätter gehören nicht zu den Bäumen? Streiche sie durch.

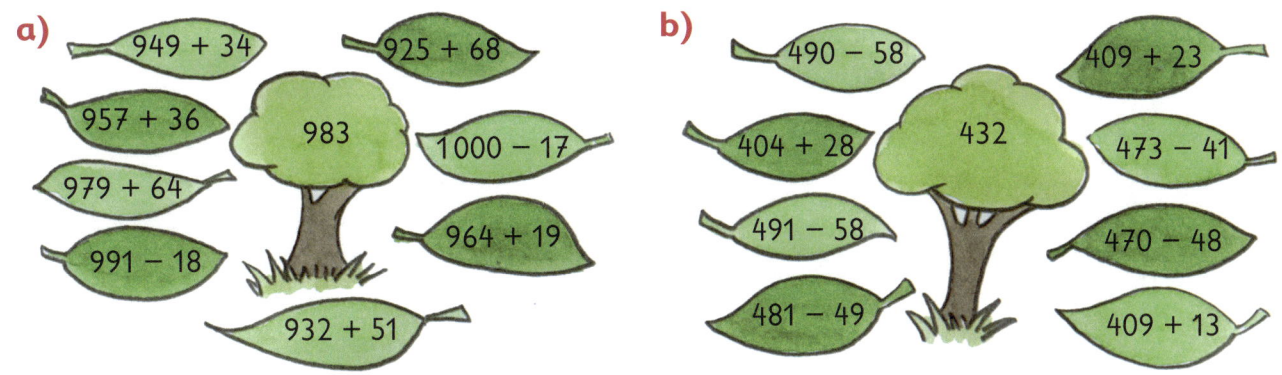

a)
949 + 34
925 + 68
957 + 36
983
1000 − 17
979 + 64
964 + 19
991 − 18
932 + 51

b)
490 − 58
409 + 23
404 + 28
432
473 − 41
491 − 58
470 − 48
481 − 49
409 + 13

2 Wahr w oder falsch f ? Berichtige.

a)
234 + 27 = 251 ⚪f⚪ 2 6 1
391 − 36 = 355 ⚪
843 − 17 = 826 ⚪
190 + 90 = 290 ⚪

b)
333 + 49 = 382 ⚪
194 − 37 = 167 ⚪
280 + 70 = 250 ⚪
573 − 28 = 545 ⚪

3 **a)**

+	9	25	18	13
275				
725				
572				

b)

−	8	19	12	45
396				
655				
471				

284 288 293 300 351 377 384 388 426 452 459 463
581 585 590 597 610 636 643 647 734 738 743 750

4 Setze das richtige Zeichen: < = > .

a)
554 € + 29 € ⚪ 584 €
319 € + 34 € ⚪ 351 €
878 € + 14 € ⚪ 892 €
424 € + 58 € ⚪ 478 €

b)
456 m − 29 m ⚪ 427 m
292 m − 18 m ⚪ 274 m
374 m − 46 m ⚪ 329 m
765 m − 37 m ⚪ 716 m

c)
647 m + 32 m ⚪ 689 m
599 m + 22 m ⚪ 567 m
153 € + 42 € ⚪ 185 €
721 € + 62 € ⚪ 783 €

5 **a)** Ein Summand ist 247. Der andere Summand ist 16. Berechne die Summe.

b) Der Minuend ist 584. Der Subtrahend ist 9. Berechne die Differenz.

Sachaufgaben – Besondere Wörter

Unterstreiche die Wörter, die dir sagen, wie du rechnen musst.

1 Frau Kluge kauft für ihren Sohn ein Mountainbike für 348 Euro und einen Fahrradhelm für 36 Euro. Wie viel muss sie insgesamt bezahlen?

Aufgabe:

Antwort: _____

2 Herr Menzel benötigt für die Renovierung des Umkleideraums 485 Fliesen. 67 Fliesen hat er schon. Wie viele Fliesen muss er noch kaufen?

Aufgabe:

Antwort: _____

3 Der Fußbodenleger verkürzt die 183 cm langen Fußbodenleisten um 25 cm. Wie lang sind die Leisten dann noch?

Aufgabe:

Antwort: _____

4 Der Sportplatz wird für das Schulsportfest geschmückt. Für den Zaun werden Wimpelketten von 234 m Länge benötigt. Dazu kommen 48 m Wimpelkette für das Eingangstor.
Wie viele Meter Wimpelkette werden insgesamt gebraucht?

Aufgabe:

Antwort: _____

5 Aus den 3. Klassen nehmen 28 Mädchen und 38 Jungen am Sportfest teil.
Wie viele Kinder nehmen insgesamt teil?

Aufgabe:

Antwort: _____

1 bis 5: Inhalt erfassen; besondere Wörter erkennen, unterstreichen und Rechenzeichen zuordnen;
Aufgabe finden, lösen und antworten

1 Der Campingplatz „Tiefer See" hatte bisher 367 Zeltplätze.
Wegen einer neuen Waschanlage wurde die Anzahl der
Plätze um 49 Plätze verringert.
Wie viele Zeltplätze stehen noch zur Verfügung?

CAMPINGPLATZ
Tiefer See

Aufgabe:

Antwort: _____

2 Am Freitag reisten 127 Camper an.
Am Sonnabend kamen weitere 48 Camper.
Wie viele Camper sind in den beiden Tagen angereist?

Aufgabe:

Antwort: _____

3

Von zu Hause
bis hierher sind wir
684 Kilometer gefahren.

Unser Weg war
77 Kilometer kürzer.

Wie viele Kilometer ist der Mann mit dem Wohnmobil gefahren?

Aufgabe:

Antwort: _____

4 Max und Ben wollen eine Woche auf dem Campingplatz bleiben.
Wie viel müssen sie zusammen bezahlen?

9 € pro
Tag und
Person

Aufgabe:

Antwort: _____

Kilometer – Meter – Zentimeter – Millimeter

1

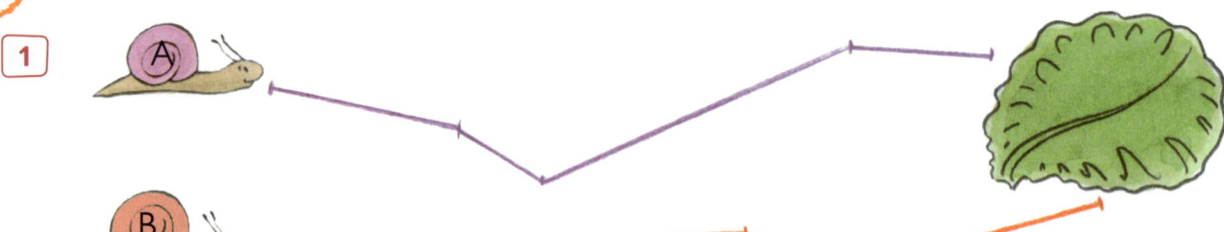

a) Schätze, ohne zu messen.

Welche Schnecke legt den kürzeren Weg zurück?   Schnecke ☐

Welche Schnecke legt den längeren Weg zurück?   Schnecke ☐

b) Miss jetzt alle Wege genau:

Schnecke A: ☐☐ cm ☐ mm = ☐☐ , ☐ cm

Schnecke B: ☐☐ cm ☐ mm = ☐☐ , ☐ cm

2 **a)** Ergänze zu einem Meter.

74 cm + ☐ cm = 1 m

38 cm + ☐ cm = 1 m

86 cm + ☐ cm = 1 m

17 cm + ☐ cm = 1 m

b) Ergänze zu einem Kilometer.

400 m + ☐ m = 1 km

750 m + ☐ m = 1 km

930 m + ☐ m = 1 km

85 m + ☐ m = 1 km

3 Immer zwei Längenangaben sind gleich. Male sie mit der gleichen Farbe aus.

| 6 m 5 cm | 6,5 m | 5,6 cm | 1000 m | 56 mm |

| 650 cm | 56 cm | 1 km | 0,56 m | 605 cm |

4 Welche Einheit passt? Setze sie richtig ein.

Maria wünscht sich zum Geburtstag eine neue Schulmappe.

Sie fährt mit ihrer Mutti in die 20 _____ entfernte Kreisstadt.

Die Fahrt mit dem Auto dauert 25 _____ .

Vom Parkplatz zum Geschäft sind es etwa 500 _____ .

Maria gefällt eine Tasche für 79,99 _____ .

Die Tasche ist 38 _____ hoch und 32 _____ breit.

cm
cm
m
km
min
€

1: Strecken schätzen und messen   2: Zum Meter bzw. Kilometer ergänzen
3: Gleiche Längenangaben erkennen   4: Einheiten in einen Lückentext einfügen

TÜ 25–26

Addieren und Subtrahieren mit Zehnerzahlen

Lege, male und rechne.

1

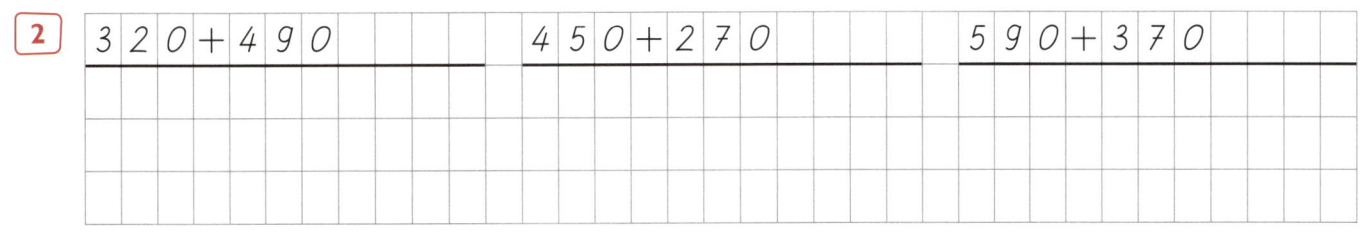

3	5	0	+	4	6	0					2	3	0	+	3	8	0				4	8	0	–	2	7	0			
3	5	0	+	4	0	0	=	7	5	0												4	8	0	–	2	0	0	=	2	8	0
7	5	0	+		6	0	=															2	8	0	–		7	0	=			
3	5	0	+	4	6	0	=															4	8	0	–	2	7	0	=			

2

3	2	0	+	4	9	0				4	5	0	+	2	7	0			5	9	0	+	3	7	0	

3

7	2	0	–	5	4	0				9	7	0	–	4	9	0			8	4	0	–	5	7	0	

4 Vergleiche: 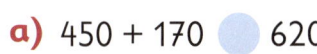.

a) 450 + 170 ◯ 620

620 + 190 ◯ 800

b) 540 – 270 ◯ 370

850 – 460 ◯ 350

c) 370 + 450 ◯ 850

940 – 360 ◯ 580

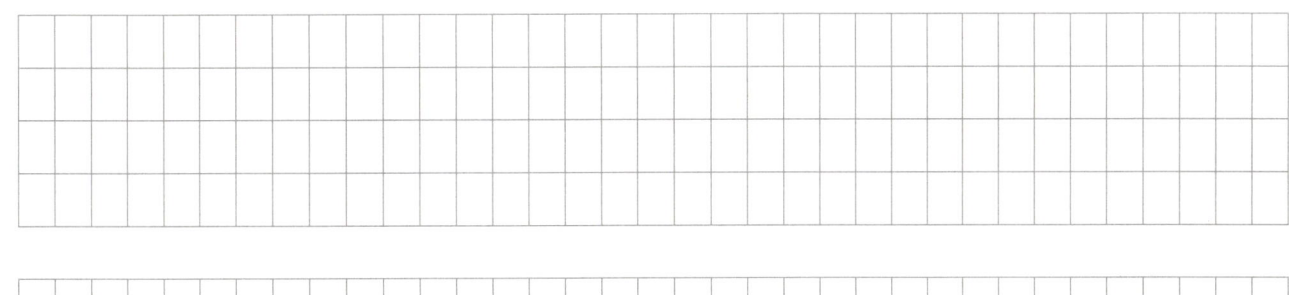

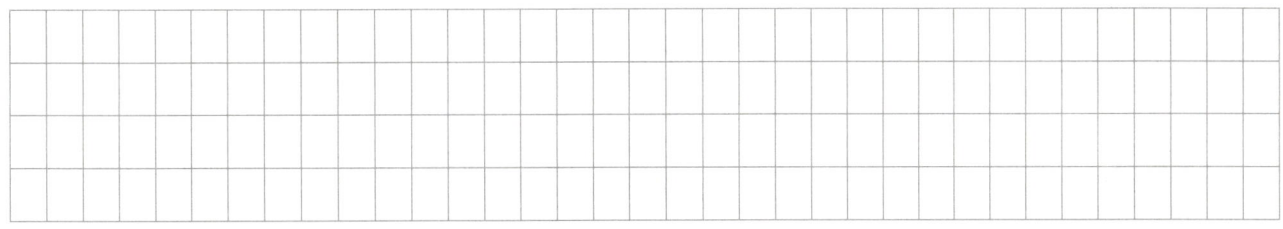

Addieren und Subtrahieren mit dreistelligen Zahlen

Lege, male und rechne.

1

3 1 3 + 2 1 5	4 3 2 + 2 5 5	6 5 3 − 4 3 2
3 1 3 + 2 0 0 = 5 1 3		6 5 3 − 4 0 0 = 2 5 3
5 1 3 + 1 0 = 5 2 3		2 5 3 − 3 0 = 2 2 3
5 2 3 + 5 =		2 2 3 − 2 =
3 1 3 + 2 1 5 =		6 5 3 − 4 3 2 =

2

4 2 6 + 2 3 3	2 5 2 + 5 3 7	4 6 8 + 3 2 5

3

8 5 4 − 6 3 2	5 9 3 − 2 8 4	7 8 5 − 5 3 6

4 Setze die Aufgabenreihe fort.

a)
672 + 211 = ▢▢▢
572 + 311 = ▢▢▢
472 + ▢▢▢ = ▢▢▢
▢▢▢ + ▢▢▢ = ▢▢▢

b)
995 − 662 = ▢▢▢
895 − 652 = ▢▢▢
795 − ▢▢▢ = ▢▢▢
▢▢▢ − ▢▢▢ = ▢▢▢

5

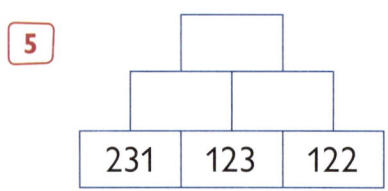

231 | 123 | 122

124 | 231 | 312

1 bis 3: Halbschriftliches Addieren und Subtrahieren
4: Aufgabenreihen fortsetzen   5: Rechenmauern lösen

Kilogramm – Gramm

1 Schätze zuerst in Gramm (g) oder in Kilogramm (kg). Prüfe dann mit einer Waage.

Gegenstand	geschätzt	gemessen
Federtasche		
Schulmappe		
Turnschuhe		
Bleistift		

Wie viel wiegen die Lebensmittel?

2 **a)**

◻ kg ◻◻ g

b)

◻ kg ◻◻ g

c)

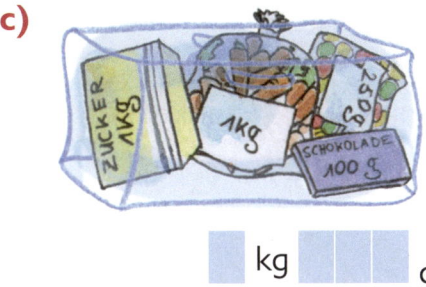

◻ kg ◻◻ g

d)

◻ kg ◻◻ g

3 Ergänze zu einem Kilogramm.

300 g	800 g	600 g	500 g	960 g	850 g	480 g	610 g
700 g							

40 g 150 g
200 g 390 g
400 g 500 g
520 g ~~700 g~~

4 Setze das richtige Zeichen: < = > .

a)
520 g ◯ 250 g
100 g ◯ 1 kg
500 g ◯ 1 kg
1000 g ◯ 1 kg

b)
340 g + 440 g ◯ 800 g
680 g + 240 g ◯ 820 g
725 g + 125 g ◯ 850 g
140 g + 360 g ◯ 600 g

c)
680 g − 230 g ◯ 440 g
900 g − 650 g ◯ 350 g
820 g − 790 g ◯ 130 g
140 g − 50 g ◯ 90 g

1: Schätzen und Messen   2: Addieren von Größenangaben in zwei Einheiten
3: Zu 1 kg ergänzen   4: Vergleichen und Relationszeichen setzen

TÜ 29   25

Liter

1 Was passt zusammen? Verbinde.

| 1 l | etwa 1000 kg | 250 g | 10 l | etwa 3 kg | 300 l |

2 Wie viel Wasser ist in den Messbechern? Male aus.

1 l $\frac{1}{2}$ l $\frac{1}{4}$ l $\frac{3}{4}$ l

3 Ordne die Gefäße danach, wie viel Liter hineinpassen. Beginne mit dem größten Gefäß.

| Eimer | Milchflasche | Badewanne | Gießkanne |

_____

_____

4 Setze das richtige Zeichen: < = > .

a)
1 l ⬤ 3 l
15 l ⬤ 5 l
2 l ⬤ 1 l
7 l ⬤ 17 l

b)
48 l + 34 l ⬤ 82 l
36 l + 49 l ⬤ 75 l
145 l + 46 l ⬤ 200 l
240 l + 52 l ⬤ 292 l

c)
92 l − 23 l ⬤ 60 l
100 l − 67 l ⬤ 37 l
970 l − 26 l ⬤ 944 l
235 l − 34 l ⬤ 200 l

5 Frau Scherbaum fährt an die Tankstelle und tankt 30 l Benzin.
In ihren Tank passen 55 l. Wie viel Liter waren noch im Tank?

Aufgabe:

Antwort: _____

Überschlagsrechnung

1

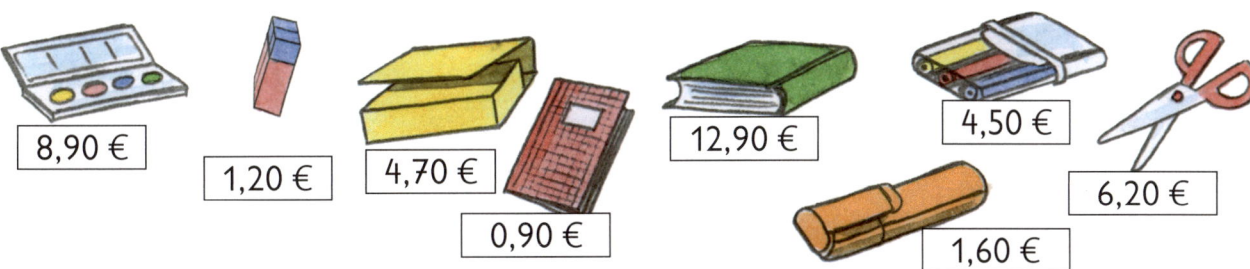

8,90 € · 1,20 € · 4,70 € · 0,90 € · 12,90 € · 4,50 € · 6,20 € · 1,60 €

Reicht das Geld? Überschlage und kreuze an.

Die Kinder kaufen ein:	Er/Sie hat	Reicht das Geld?
Anna: 1 Farbkasten, 1 Schere	17 €	ja nein
Max: 1 Heft, 1 Buch	15 €	ja nein
Tom: 1 Packung Buntstifte, 1 Heftemappe	8 €	ja nein
Lisa: 1 Radiergummi, 1 Buch	15 €	ja nein

Ü: € +   € =   €

Ü:

Ü:

Ü:

2 Welcher Hunderter liegt am nächsten?

322 ⟶ 300   375 ⟶
781 ⟶   233 ⟶
438 ⟶   895 ⟶
653 ⟶   948 ⟶

3 Welcher Zehner liegt am nächsten?

254 ⟶ 250   617 ⟶
357 ⟶   351 ⟶
894 ⟶   758 ⟶
733 ⟶   796 ⟶

4 Bilde zu den Aufgaben nur den Überschlag.

a)

3 1 5 + 2 9 1
Ü: 3 0 0 +

6 4 2 + 1 5 1
Ü:

4 2 7 + 2 8 1
Ü:

3 9 8 + 1 6 9
Ü:

b)

4 2 6 + 2 8 8
Ü:

2 6 7 + 1 2 4
Ü:

3 5 4 + 4 5 8
Ü:

3 8 1 + 2 4 9
Ü:

Addieren ohne Übertrag

1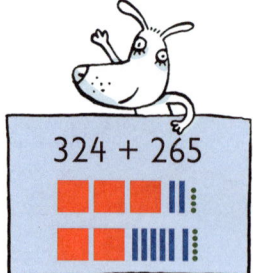

324 + 265

H	Z	E
3	2	4
+2	6	5

H	Z	E
4	6	3
+2	3	6

H	Z	E
2	3	4
+4	5	3

H	Z	E
6	2	4
+1	7	3

H	Z	E
4	3	6
+2	5	3

2

H	Z	E
4	2	5
+1	7	3

H	Z	E
6	2	5
+1	4	3

H	Z	E
3	4	4
+2	5	3

H	Z	E
7	8	3
+1	1	5

H	Z	E
4	4	4
+	5	3

H	Z	E
6	3	3
+2	0	5

3 Schreibe erst die Summanden stellengerecht untereinander, addiere dann.

453 + 342		82 + 317		35 + 564
671 + 208		826 + 173		302 + 71

H	Z	E
	4	5	3
+3	4	2

4 Überprüfe und berichtige die falschen Ergebnisse.

4	4	3
+2	5	2
~~6~~ ~~9~~ ~~4~~		
6	9	5

5	3	2
+4	0	5
9	3	9

2	8	4
+5	0	5
7	9	9

1	4	2
+3	5	3
4	9	5

6	2	3
+3	7	4
9	8	7

3	5	4
+2	3	5
5	9	8

5 Ergänze die fehlenden Ziffern.

4	☐	8
+3	5	☐
7	7	9

6	5	4
+	☐	3	☐
8	8	9

7	5	4
+1	☐	2
☐	5	6

4	3	☐
+	6	4
6	9	9

☐	4	☐
+2	☐	3
9	8	6

5	3	2
+	☐	5	☐
9	☐	8

4	2	2
+	☐	☐
8	9	7

1 bis 3: Additionsaufgaben schriftlich lösen   4: Fehler finden und Ergebnisse berichtigen
5: Fehlende Ziffern ergänzen

Addieren mit Übertrag

1

426 + 145

H	Z	E
4	2	6
+1	4	5

H	Z	E
5	4	8
+3	7	1

H	Z	E
6	4	3
+2	7	8

H	Z	E
2	8	4
+5	4	7

H	Z	E
4	3	2
+3	9	5

2

H	Z	E
3	2	2
+2	5	9

H	Z	E
7	4	0
+1	7	3

H	Z	E
5	4	3
+2	7	4

H	Z	E
6	0	9
+1	9	2

H	Z	E
3	4	7
+6	7	5

H	Z	E
7	8	1
+1	8	7

3

Addiere 479 und 321.	Berechne die Summe aus 428 und 393.	Berechne das Doppelte von 346.	Addiere 324 und 183.

H	Z	E
4	7	9
+3	2	1

4 Zur Zirkusvorstellung kamen aus der Waldschule 217 Kinder und aus der Lindenschule 175 Kinder. Wie viele Kinder kamen zur Zirkusvorstellung?

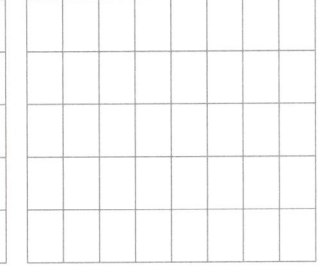

Aufgabe:

Antwort: _____

_____

_____

Subtrahieren ohne Übertrag – Ergänzen/Abziehen

Rechne mit „Ergänzen".

1

H	Z	E			H	Z	E			H	Z	E			H	Z	E			H	Z	E
	4	7	9			7	5	9			8	9	6			7	9	6			4	9	8
−	2	5	1		−	5	3	6		−	5	7	4		−	4	6	2		−	2	5	4

223
228
244
322
334

2

6	8	5			8	4	6			7	9	2			5	6	8			9	3	6			4	9	5
−	3	6	1		−	5	3	2		−	4	6	1		−	3	2	5		−	7	1	4		−	3	2	3

Rechne mit „Abziehen".

3

H	Z	E			H	Z	E			H	Z	E			H	Z	E			H	Z	E
	6	5	4			9	7	5			8	4	9			5	4	2			9	3	7
−	2	3	2		−	7	3	4		−	6	3	8		−	4	3	1		−	4	1	5

111
211
241
422
522

4

7	9	6			4	8	5			8	5	9			6	6	8			9	4	7			5	8	6
−	4	3	2		−	2	6	4		−	5	3	1		−	4	2	3		−	2	3	4		−	4	5	2

5 Rechne so, wie du möchtest.

6	3	3			9	4	4			7	9	7			6	3	5			3	5	4			9	7	8
−	4	2	1		−	3	3	2		−	5	7	2		−	5	1	4		−	2	3	4		−	7	0	6

6 Rechne und kontrolliere mit der Umkehraufgabe.

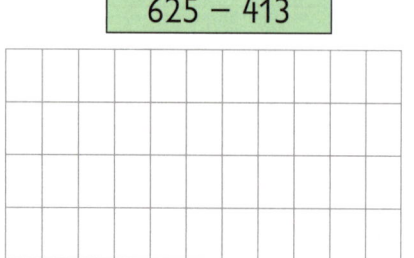 625 − 413

 759 − 548

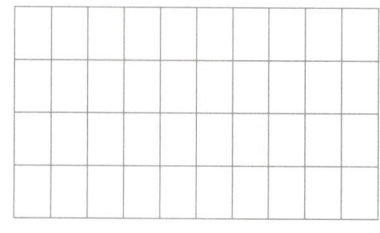 589 − 176

1 bis 4: Schriftliches Subtrahieren nach dem Ergänzungsverfahren/Abziehverfahren 5: Schriftliches Subtrahieren, Verfahren kann gewählt werden 6: Subtrahieren, Kontrolle mit Addieren

Subtrahieren mit Übertrag – Ergänzen/Abziehen

Rechne mit „Ergänzen".

1

H	Z	E
7	5	4
− 5	3	6

H	Z	E
8	5	4
− 5	8	3

H	Z	E
7	9	4
− 5	4	7

H	Z	E
9	4	7
− 5	8	5

H	Z	E
8	4	6
− 3	7	5

218
247
271
362
471

2

5	3	2
− 3	2	8

9	5	7
− 3	8	4

6	9	3
− 3	6	9

6	7	6
− 3	4	9

7	5	4
− 3	2	8

204
324
327
426
573

Rechne mit „Abziehen".

3

H	Z	E
6	7	3
− 4	5	9

H	Z	E
8	5	4
− 5	3	8

H	Z	E
9	6	8
− 5	9	3

H	Z	E
7	9	4
− 3	8	7

H	Z	E
9	5	4
− 6	7	2

214
282
316
375
407

4

4	3	2
− 1	1	9

6	2	9
− 3	8	7

9	5	2
− 6	2	8

7	4	2
− 2	1	9

8	4	6
− 3	7	3

242
313
324
473
523

5 Rechne so, wie du möchtest.

9	2	3
− 4	1	6

6	4	8
− 2	6	5

7	9	3
− 4	6	8

5	9	3
− 1	6	5

8	5	7
− 4	7	3

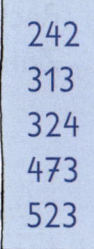

1 bis 4: Schriftliches Subtrahieren mit Übertrag nach dem Ergänzungsverfahren/Abziehverfahren
5: Schriftliches Subtrahieren, Verfahren kann gewählt werden

TÜ 34   31

Subtrahieren mit Übertrag

1

H	Z	E			H	Z	E			H	Z	E			H	Z	E			H	Z	E
6	4	0			8	3	0			7	0	0			3	0	0			7	8	0
− 2	5	4			− 3	5	6			− 2	8	3			− 1	8	9			− 3	9	2

111
386
388
417
474

2 Rechne und kontrolliere mit der Umkehraufgabe.

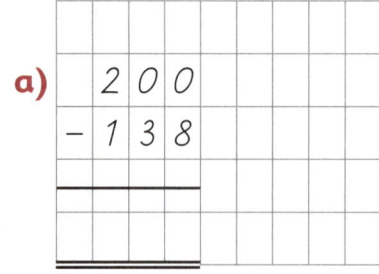

a)
```
  2 0 0
− 1 3 8
```

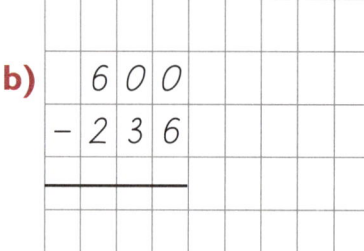

b)
```
  6 0 0
− 2 3 6
```

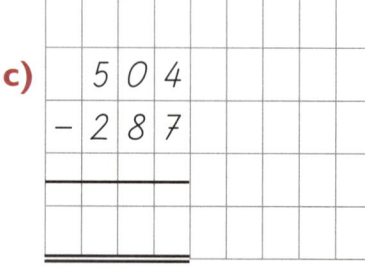

c)
```
  5 0 4
− 2 8 7
```

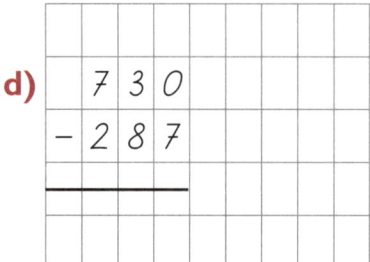

d)
```
  7 3 0
− 2 8 7
```

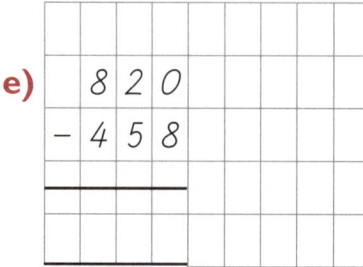

e)
```
  8 2 0
− 4 5 8
```

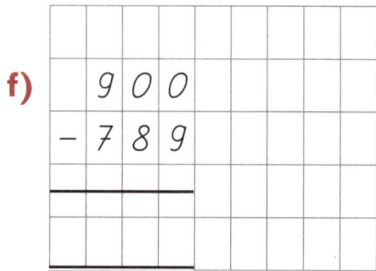

f)
```
  9 0 0
− 7 8 9
```

3 Rechne und trage die fehlenden Zahlen in das Rechenrad ein.

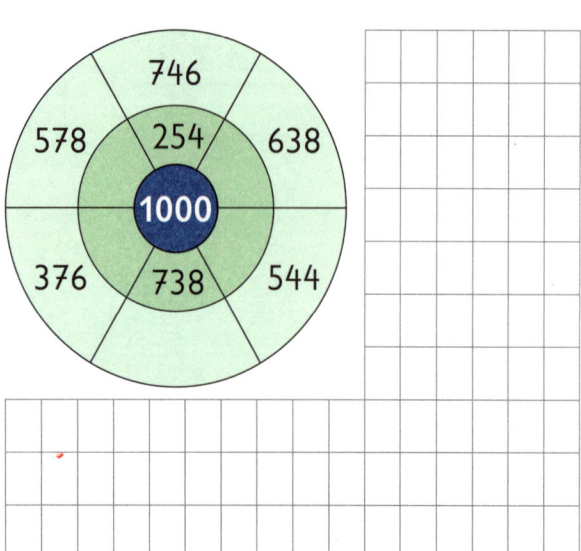

746
578 254 638
1000
376 738 544

4 Rechne und trage die fehlenden Zahlen in das Rechenhaus ein.

730
412 | 318
654
259
528
213

1: Subtrahieren; Minuenden sind Vielfache von Hundert bzw. von Zehn
2: Subtrahieren, Kontrolle mit Addieren   3 und 4: Rechenrad/Rechenhaus ergänzen

Addieren und Subtrahieren

1

	5	2	7
+	3	9	1

	6	3	5
+	2	4	8

	4	5	8
+	1	9	4

	7	7	3
+	2	0	9

	2	2	9
+	6	9	3

652
883
918
922
982

2

	5	1	5
−	3	2	4

	6	3	9
−	3	6	9

	8	1	5
−	6	1	9

	7	0	3
−	4	5	5

	8	4	4
−	5	0	9

191
196
248
270
335

3

	4	7	6
+	2	2	0
+	1	3	2

	1	3	8
+	3	9	6
+	2	6	6

	2	5	3
+		8	9
+	3	2	5

	1	2	9
+	4	0	6
+		7	2

		9	8
+	4	1	2
+	1	5	3

607
663
667
800
828

4 Lisa und ihre Mutti haben eingekauft.
Was müssen sie an der Kasse bezahlen?

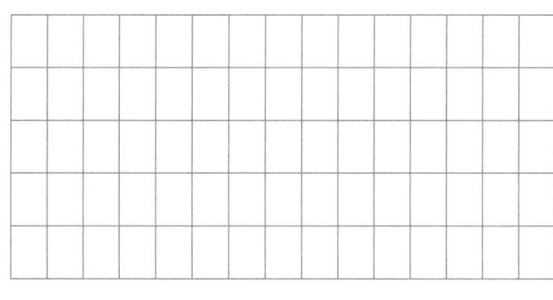

93 €

114 €

76 €

Antwort: _____

5

	5	3	9	€
+	3	6	5	€

	6	4	3	A
+	2	9	7	A

	3	9	8	m
−	1	7	9	m

	6	2	4	cm
−	3	4	6	cm

	7	2	0	l
−	4	8	5	l

1 und 2: Addieren/Subtrahieren   3: Addieren von drei Summanden   4: Inhalt erfassen;
Aufgaben finden, lösen und antworten   5: Addieren/Subtrahieren mit Größen

33

1 Rechne zuerst die Aufgaben, die du mündlich rechnen kannst.

a) 336 + 414 =

250 + 450 = 7 0 0

529 + 375 =

405 + 280 =

183 + 569 =

b) 679 − 408 =

980 − 480 =

870 − 520 =

386 − 197 =

537 − 229 =

2 Überprüfe und berichtige die falschen Lösungen.

	2 7 6		2 2 8		5 3 6		8 3 6		7 3 6		9 5 4
+	5 5 8	+	4 6 3	+	2 8 7	−	5 2 7	−	4 9 5	−	6 7 3
	7 2 4		6 9 1		8 1 3		3 1 9		2 4 1		2 8 1

3

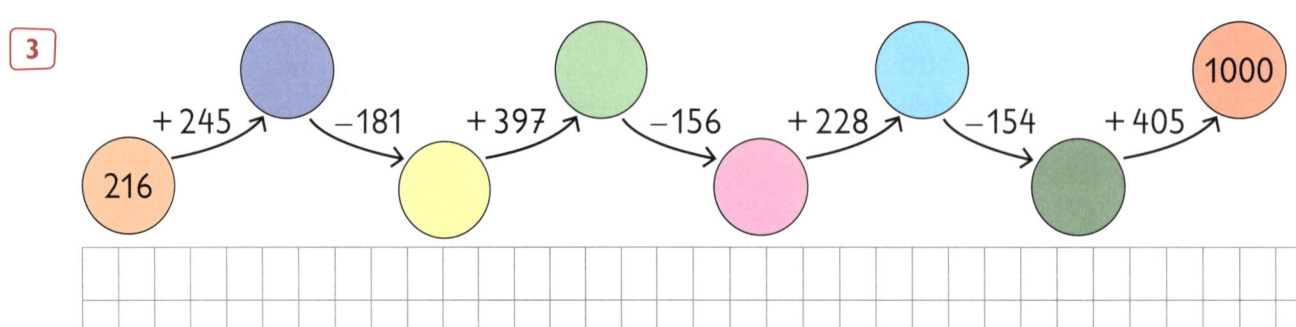

4 Ergänze die fehlenden Ziffern.

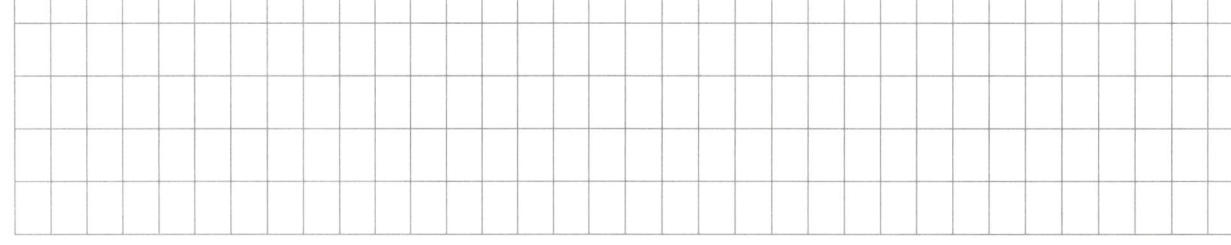

	2 3 9		5 3 7			9 6		4 8 5			6 3		7 5	
+	4 2	+	1 9	+	2	3 3	−	3 2	−	7	4 8	−	3	2
	7 1 1		7 3 2		6	2		1 8		2	1		3 8	6

1: Mündlich oder schriftlich rechnen   2: Fehler finden und berichtigen
3: Rechenkette lösen   4: Fehlende Ziffern ergänzen

Addieren und Subtrahieren – Sachaufgaben

1 In der Tabelle stehen Angaben über Flüsse innerhalb Deutschlands.
Berechne mündlich oder schriftlich, auf welcher Länge die Flüsse nicht schiffbar sind.

Fluss	Länge in Deutschland	davon schiffbar	davon nicht schiffbar
Rhein	865 km	778 km	
Elbe	700 km	700 km	
Donau	647 km	387 km	
Main	524 km	384 km	
Saale	427 km	124 km	
Spree	382 km	147 km	

2 Die im Jahr 2013 in Dresden fertiggestellte Waldschlösschenbrücke ist 636 m lang.
Die Loschwitzer Brücke in Dresden wird auch das „Blaue Wunder" genannt.
Diese Brücke ist 156 m kürzer. Wie lang ist das „Blaue Wunder"?

Antwort: _____

_____

3 **a)** Um wie viele Meter ist der Münchener Fernsehturm
höher als der Stuttgarter Fernsehturm?

b) Um wie viele Meter ist der Münchener Fernsehturm
niedriger als der Berliner Fernsehturm?

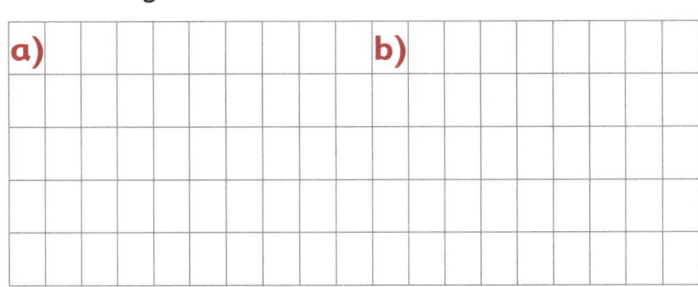

a) Er ist _____ m höher.   **b)** Er ist _____ m niedriger.

1: Differenzen berechnen und in die Tabelle eintragen   2: Inhalt erfassen; Aufgabe finden,
lösen und antworten   3: Differenzen berechnen und antworten

35

Daten in Tabellen und Diagrammen

1 Das Streifendiagramm enthält Angaben über die Schülerzahlen der Talschule.

Trage die Schülerzahlen in die Tabelle ein.

	1. Schuljahr	2. Schuljahr	3. Schuljahr	4. Schuljahr	insgesamt
Mädchen					
Jungen					
zusammen					

2 Diese Tabelle gibt Auskunft über die Schülerzahlen der Bergschule.
Rechne und trage die fehlenden Zahlen ein.

	1. Schuljahr	2. Schuljahr	3. Schuljahr	4. Schuljahr	insgesamt
Mädchen	21	24	33	27	
Jungen	18	18	24	33	
zusammen					

3 Vergleiche die Anzahl der Schüler der beiden Schulen.

	Talschule	> = <	Bergschule
1. Schuljahr			
2. Schuljahr			
3. Schuljahr			
4. Schuljahr			
zusammen			

1: Zahlen aus dem Diagramm entnehmen; Tabelle vervollständigen
2: Fehlende Angaben errechnen   3: Schülerzahlen eintragen und vergleichen

1

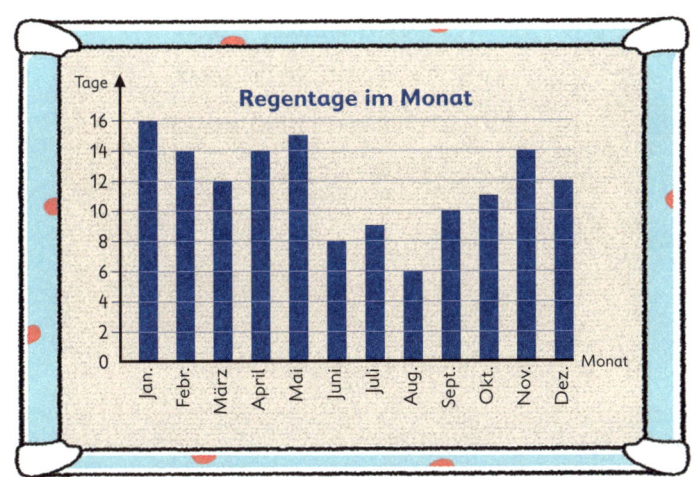

a) Wie viele Regentage gab es insgesamt:

in den Monaten Juli und August? ☐☐ Regentage

in den ersten drei Monaten des Jahres? ☐☐ Regentage

b) Welche Monate hatten mehr als 12 Regentage?

Januar, _____

2

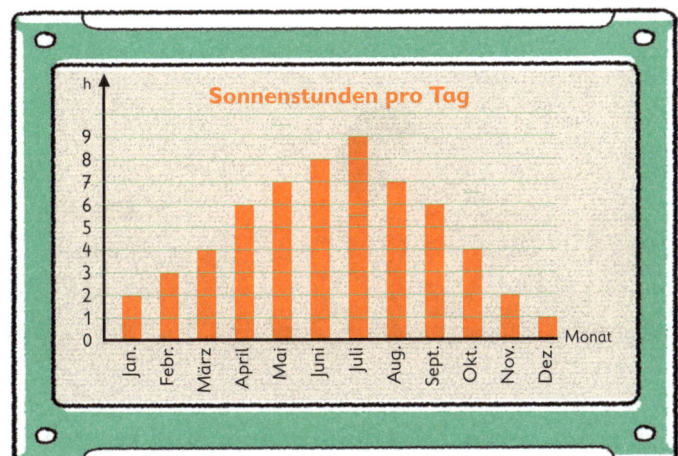

a) In welchem Monat gab es doppelt so viele Sonnenstunden wie im März?

_____

b) Vergleiche die Sonnenstunden:  .

April   Juni

 h   h

3 Finde selbst Fragen zu den beiden Diagrammen. Dein Lernpartner beantwortet sie.

Kombinieren

1

Speiseplan

Vorspeise	Hauptgericht	Nachspeise
Spargelsuppe	Spaghetti	Obstschale
Nudelsuppe	Milchreis	Pudding

Ein Menü besteht aus einer Vorspeise, einem Hauptgericht und einer Nachspeise.

Wie viele verschiedene Menüs sind mit diesem Angebot möglich?

	Vorspeise	Hauptgericht	Nachspeise
1. Menü	Spargelsuppe	Spaghetti	Obstschale
2. Menü			
3. Menü			
4. Menü			

2

Max baut aus roten, gelben und blauen Würfeln Zweiertürme in zwei Farben.
Baue diese Türme, dann zeichne alle Möglichkeiten.

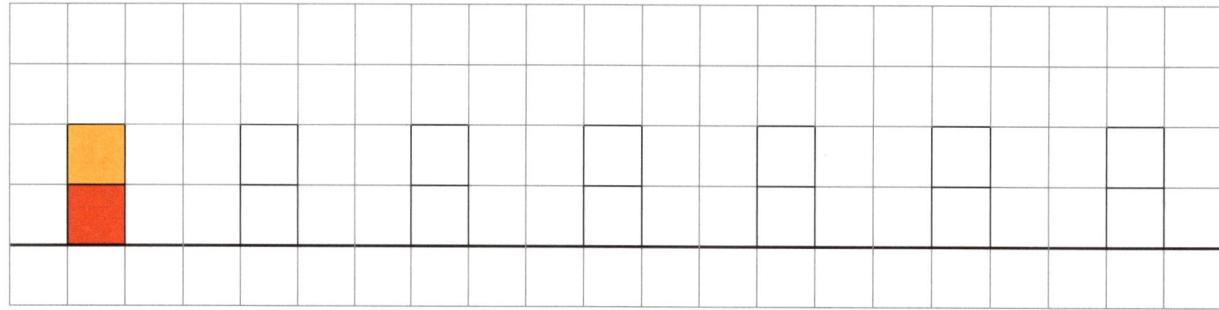

Es gibt _____ Möglichkeiten.

1 Wanderkarte Burgenland

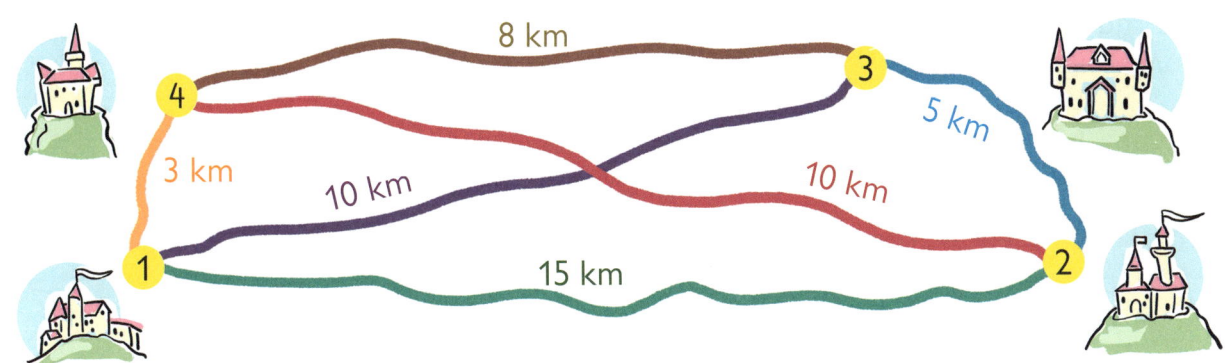

Max will zu allen vier Burgen wandern. Er beginnt seine Wanderung an der Burg ④.
Er wandert auf dem kürzesten Wege zu allen anderen Burgen und kehrt
zur Burg ① zurück.
Welcher Wanderweg ist am kürzesten?
Schreibe den Weg so auf: ① → ◯ → ◯ → ◯ → ①

Berechne die Länge des Weges.

2 Hier wohnen Max, Lisa, Anna, Ben und Maria.

Max und Lisa wohnen außen. Lisas Hausnummer ist die größte Zahl.
Anna wohnt in der Mitte zwischen Maria und Ben.
Ben und Max wohnen nicht nebeneinander.
Wer wohnt in welchem Haus?
Schreibe die Namen unter das Haus.

3 Tom (T), Maria (M) und Lisa (L)
nehmen an einen Staffellauf teil.
In welcher Reihenfolge könnten
sie laufen?
Schreibe alle Möglichkeiten
so auf: T M L, ...

Rechnen mit Größen – Kommaschreibweise

1   Max kauft Erdbeeren für 3,38 €.
Er hat 4,70 € mit.
Wie viel Geld behält Max übrig?

Aufgabe:

Antwort: _____

_____

2   Anna springt beim Schulsportfest 3,42 m
weit. Maria springt 2,28 m weit. Wie viel
ist Anna weiter gesprungen?

Aufgabe:

Antwort: _____

_____

3   **a)** 22,44 € + 13,71 €   **b)** 12,98 € + 27,63 €   **c)** 32,76 € − 21,53 €

4   Schreibe alle Längen in Meter mit Komma und rechne dann.

| 236 cm + 2,69 m | 7,44 m − 248 cm | 12,76 m − 728 cm |

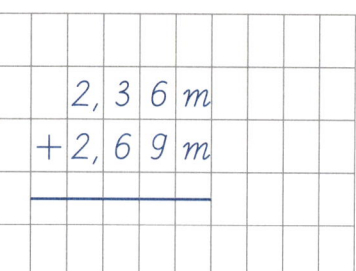

$$\begin{array}{r} 2,3\,6\ m \\ +\,2,6\,9\ m \\ \hline \end{array}$$

5   Anna hat:

Sie kauft für 4,26 € ein.
Wie viel Geld hat Anna
übrig?

Aufgabe:

Antwort: _____

_____

_____

_____

40

1, 2 und 5: Inhalt erfassen; Aufgabe finden, lösen und antworten
3 und 4: Schriftliches Addieren und Subtrahieren mit Kommazahlen

TÜ 37

Vierecke – Dreiecke

1 Zeichne Quadrate.

a)

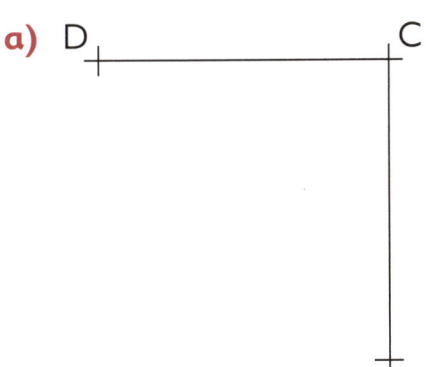

D _____ C

B

b)

O _____ N

2 Zeichne Rechtecke.

a)

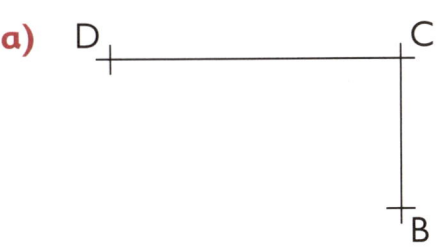

D _____ C

B

b)

G

E _____ F

3 Zerlege das Quadrat durch Einzeichnen einer Strecke in:

a) zwei Dreiecke

b) zwei Rechtecke

4 Zerlege das Quadrat durch Einzeichnen zweier Strecken in:

a) vier Dreiecke

b) drei Dreiecke

Parallelogramme

1   Zeichne nur die Parallelogramme farbig nach.

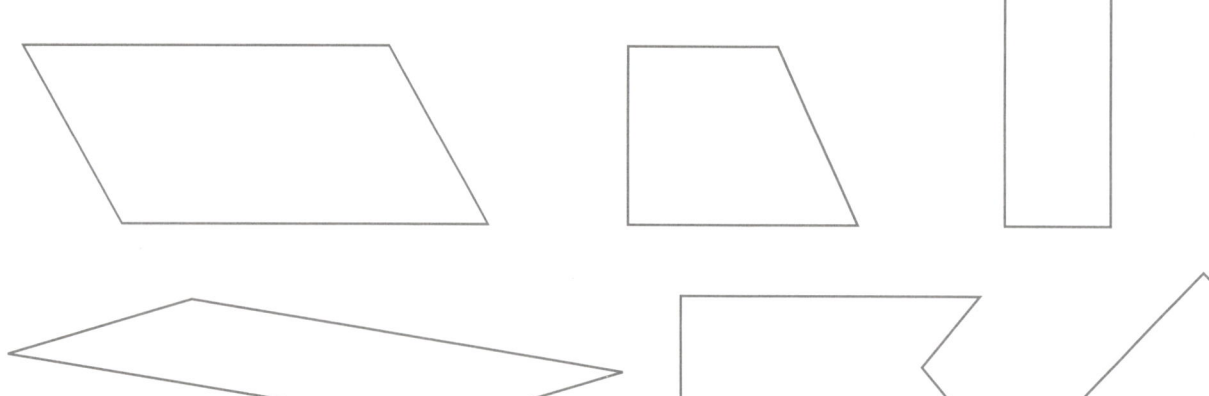

2   Ergänze so, dass Parallelogramme entstehen. Benenne die Eckpunkte.

a)   C   **b)**

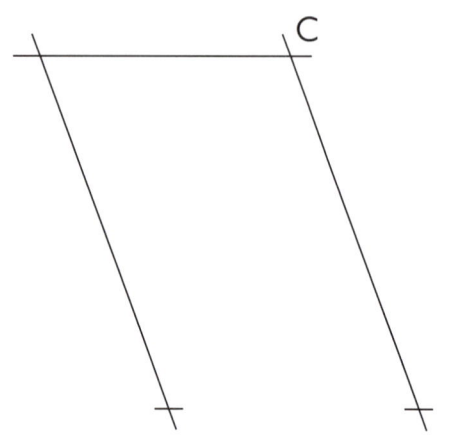 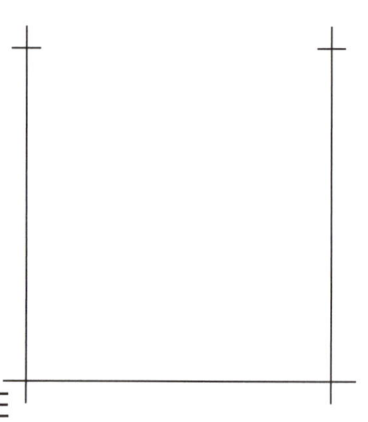

E

3   Ergänze so, dass Parallelogramme entstehen. Benenne die Eckpunkte.

a)   **b)**   G

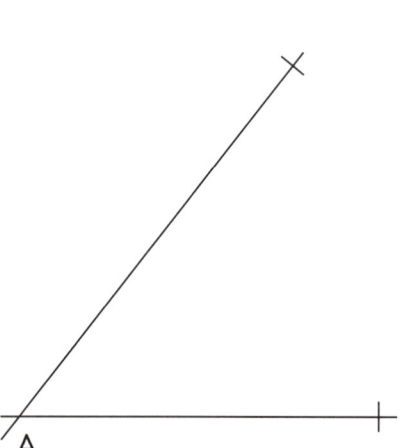 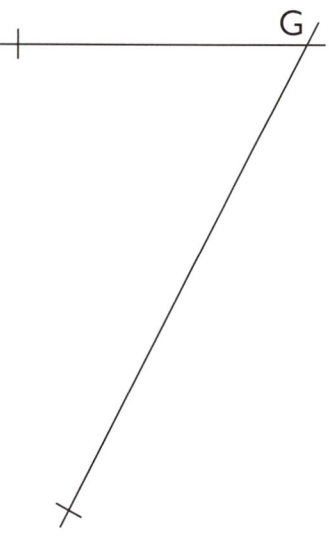

A

1: Parallelogramme erkennen und nachzeichnen
2 und 3: Zu Parallelogrammen vervollständigen; Eckpunkte benennen

TÜ 38

Vielfache und Teiler einer Zahl

1 Welche Zahlen erreichen das rote Rechteck, das grüne Quadrat oder das blaue Parallelogramm? Trage sie ein.

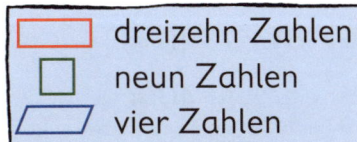

▭	dreizehn Zahlen
□	neun Zahlen
▱	vier Zahlen

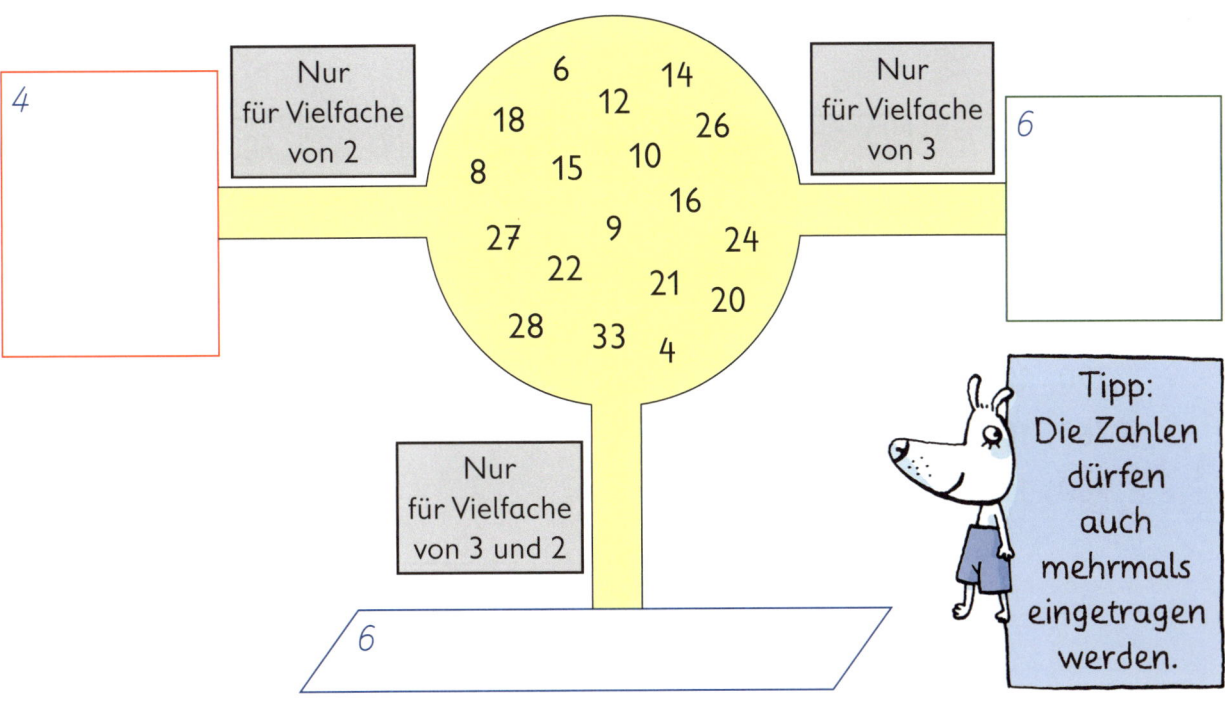

Nur für Vielfache von 2

Nur für Vielfache von 3

6 14 12 26 18 10 8 15 16 27 9 24 22 21 20 28 33 4

4

6

Nur für Vielfache von 3 und 2

6

Tipp: Die Zahlen dürfen auch mehrmals eingetragen werden.

2 6 ist Vielfaches von 3, 2 und 1, weil 2 · 3 = 6, 3 · 2 = 6, 6 · 1 = 6

15 ist Vielfaches von _____, weil _____

30 ist Vielfaches von _____, weil _____

_____ _____

3 Finde möglichst viele Teiler.

12 hat die Teiler _____ 20 hat die Teiler _____

15 hat die Teiler _____ 24 hat die Teiler _____

4 Finde drei Zahlen, die

a) Vielfache von 7 sind: _____

b) Vielfache von 9 sind: _____

5 Schreibe drei Zahlen auf, die

b) durch 3 und 6 teilbar sind: _____

c) durch 2, 4 und 8 teilbar sind: _____

Multiplizieren und Dividieren mit 10 und mit 100

1 **a)** 7 · 10 = ▭▭▭

  6 · 10 = ▭▭▭

  27 · 10 = ▭▭▭

  79 · 10 = ▭▭▭

b) 10 · 12 = ▭▭▭

  10 · 17 = ▭▭▭

  10 · 44 = ▭▭▭

  10 · 63 = ▭▭▭

c) 4 · 100 = ▭▭▭

  7 · 100 = ▭▭▭

  9 · 100 = ▭▭▭

  6 · 100 = ▭▭▭

> 60 70 120 170 270 400 440 600 630 700 790 900

2 **a)** 640 : 10 = ▭▭

  290 : 10 = ▭▭

  760 : 10 = ▭▭

  900 : 10 = ▭▭

b) 520 : 10 = ▭▭

  990 : 10 = ▭▭

  400 : 10 = ▭▭

  1000 : 10 = ▭▭

c) 700 : 100 = ▭▭

  100 : 100 = ▭▭

  600 : 100 = ▭▭

  1000 : 100 = ▭▭

> 1 6 7 10 29 40 52 64 76 90 99 100

3

·	10	100
6		
4		
5		
3		

4

:	10	100
700		
100		
900		
1000		

5

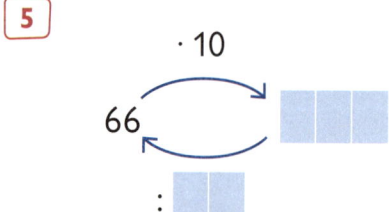

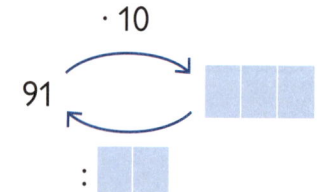

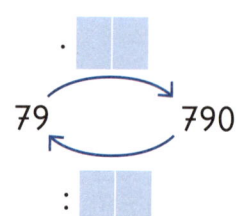

6

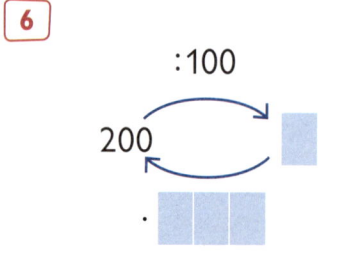

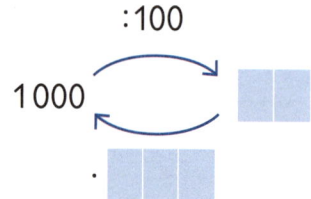

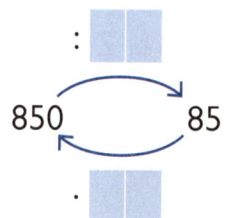

Multiplizieren und Dividieren mit Zehnerzahlen

1 Setze die Aufgabenfolgen fort und rechne.

a)
1 · 40 =
3 · 40 =
5 · 40 =
___ · 40 =
___ · 40 =

b)
1 · 90 =
3 · 90 =
5 · 90 =
___ · 90 =
___ · 90 =

c)
2 · 30 =
4 · 30 =
6 · 30 =
___ · 30 =
___ · 30 =

40 60 90 120 120 180 200 240 270 280 300 360 450 630 810

2 Berechne die Quotienten.

a)
270 : 30 =
720 : 90 =
420 : 60 =
180 : 20 =
350 : 50 =

b)
420 : 70 =
240 : 30 =
810 : 90 =
360 : 40 =
180 : 30 =

c)
250 : 50 =
480 : 60 =
320 : 40 =
640 : 80 =
490 : 70 =

d)
630 : 90 =
280 : 40 =
720 : 80 =
560 : 70 =
300 : 50 =

5 6 6 6 7 7 7 7 7 7 8 8 8 8 8 8 9 9 9 9 9

3 Bilde Aufgabenfamilien.

a) 9   60   540

b) 8   20   160

c) 60   4   240

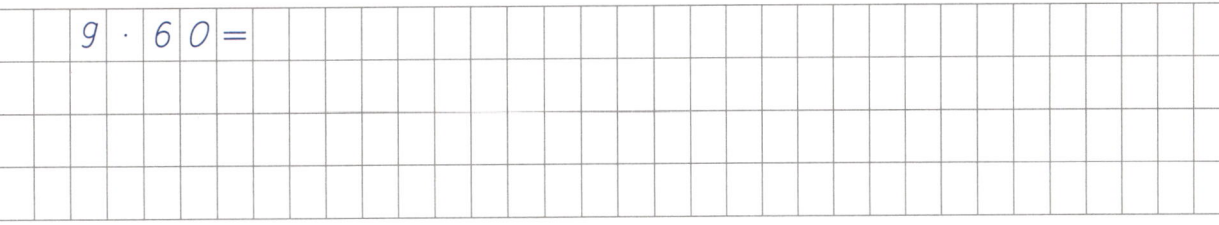

9 · 60 =

4 Setze das richtige Zeichen: < = > .

a) 3 · 80 ◯ 240
5 · 60 ◯ 250

b) 320 : 40 ◯ 6
450 : 50 ◯ 9

c) 490 : 70 ◯ 80
40 · 9 ◯ 400

5 Zerlege jede Zahl in ein Produkt mit einer Zehnerzahl.

280 = 4 · 70
280 = 70 · 4

420 = ___ · ___
420 = ___ · ___

560 = ___ · ___
560 = ___ · ___

720 = ___ · ___
720 = ___ · ___

1 und 2: Multiplizieren und Dividieren   3: Aufgabenfamilien bilden
4: Relationszeichen setzen   5: Zahl als Produkt schreiben

TÜ 41   45

Punktrechnung und Strichrechnung in einer Aufgabe

Punktrechnung geht vor Strichrechnung.

1 **a)** 2 · 7 + 80 = ☐☐☐   **b)** 25 + 3 · 6 = ☐☐☐

c) 40 + 7 · 30 = ☐☐☐   **d)** 70 − 3 · 6 = ☐☐☐   **e)** 6 · 7 − 20 = ☐☐☐

f) 9 · 8 − 60 = ☐☐☐   **g)** 100 − 9 · 7 = ☐☐☐   **h)** 80 − 3 · 20 = ☐☐☐

12 20 22 37 43 52 94 250

2 **a)** 210 : 30 − 4 = ☐☐☐   **b)** 93 + 490 : 70 = ☐☐☐

c) 522 − 320 : 80 = ☐☐☐   **d)** 651 − 180 : 6 = ☐☐☐

e) 810 : 90 + 30 = ☐☐☐   **f)** 420 + 270 : 3 = ☐☐☐

3 39 100 510 518 621

Aufgaben mit Klammern

1 **a)** 5 · (9 + 6) = ☐☐
8 · (8 − 1) = ☐☐
6 · (4 + 8) = ☐☐
3 · (6 + 4) = ☐☐

b) (23 + 7) · 4 = ☐☐☐
(13 − 8) · 9 = ☐☐
(27 + 3) · 8 = ☐☐☐
(64 + 6) · 3 = ☐☐☐

> **MERKE DIR**
>
> Löse immer erst die
> Aufgabe in der Klammer.

30 45 56 72 75 120 210 240

2 **a)** (64 − 24) : 5 = ☐☐
(30 + 60) : 3 = ☐☐
(90 − 30) : 2 = ☐☐
(80 + 40) : 6 = ☐☐

b) 350 : (15 − 8) = ☐☐
600 : (20 + 40) = ☐☐
800 : (90 − 50) = ☐☐
420 : (40 + 20) = ☐☐

c) (420 − 60) : 60 = ☐
(730 + 80) : 90 = ☐
(540 − 90) : 50 = ☐
(490 + 70) : 80 = ☐

6 7 7 8 9 9 10 20 20 30 30 50

3 Welche Aufgaben gehören zusammen? Verbinde sie und rechne sie aus.

Bilde die Summe aus 40 und 30
und multipliziere sie mit 9.

Multipliziere die Differenz aus 90 und 70
mit der Zahl 50.

Bilde die Differenz aus 810 und 90
und dividiere sie durch 80.

Dividiere die Summe aus 340 und 160
durch 50.

(90 − 70) · 50 = ☐☐☐

(340 + 160) : 50 = ☐☐

(40 + 30) · 9 = ☐☐☐

(810 − 90) : 80 = ☐

4 Setze das richtige Zeichen: < = > .

a) 3 · (30 + 40) ◯ 100
8 · (40 + 60) ◯ 800
9 · (20 + 30) ◯ 540

b) (220 + 40) : 2 ◯ 100
(900 − 600) : 3 ◯ 600
(250 + 150) : 50 ◯ 8

Multiplizieren zweistelliger Zahlen mit einstelligen Zahlen

1

6 · 15						8 · 17						15 · 7				
6 · 10 =												10 · 7 =				
6 · 5 =												5 · 7 =				

2 Immer zwei Aufgaben haben das gleiche Ergebnis. Färbe sie mit derselben Farbe.

1 108 6 · 18 ✓   *3* 108 12 · 9   *5* 96 8 · 12   *7* 60 15 · 4   *9* 36 18 · 2   *11* 72 12 · 6

2 96 16 · 6   *4* 36 3 · 12   *6* 48 16 · 3   *8* 60 5 · 12   *10* 72 4 · 18   *12* 48 4 · 12

3

8 · 45						7 · 34						8 · 28				
8 · 40 =																
8 · 5 =																

93 · 5						89 · 7						53 · 9				
90 · 5 =																
3 · 5 =																

Dividieren zweistelliger Zahlen durch einstellige Zahlen

 **1**

| 7 | 2 | : | 6 | = | **12** | | | 6 | 5 | : | 5 | = | **73** | | | 9 | 1 | : | 7 | = | **13** |

| 6 | 0 | : | 6 | = |
| 1 | 2 | : | 6 | = |

| 7 | 2 | : | 3 | = | **24** | | | 5 | 4 | : | 2 | = | **27** | | | 9 | 2 | : | 4 | = | **23** |

| 6 | 0 | : | 3 | = |
| 1 | 2 | : | 3 | = |

brauchst du nicht aufschreiben, nur das Ergebnis

2

a) 75 : 5 = **15**
   54 : 3 = **18**
   88 : 4 = **2c**
   98 : 7 = **14**

b) 84 : 4 = **21**
   64 : 2 = **832**
   96 : 8 = **12**
   90 : 5 = **18**

c) 33 : 3 = **11**
   80 : 5 = **16**
   90 : 6 = **15**
   84 : 7 = **12**

11 12 12
14 15 15
16 18 18
21 22 32

$3^3 = 9$

3 Ordne den Aufgaben die Lösung zu. Male an.

| 64 : 4 | | 57 : 3 | | 42 : 2 |

| 80 : 5 | | 95 : 5 | | 32 : 2 |

| 76 : 4 | | 63 : 3 | | 84 : 4 |

| 21 | | 19 | | 16 |

| 3 × ▦ | | 3 × ▦ | | 3 × ▦ |

Das Ergebnis in Zeile B
aus Zeile A halbiert sich

 4 Rechne. Was stellst du fest?

a)

:	2	3	6	7
A 84	42	28	14	12
B 42	21	14	7	6

b)

:	2	3	4	6
48				
96				

in der unteren Zeile steht
in jeder Spalte die Hälfte von
der Zahl in der oberen

_____
_____

1 und 2: Dividieren   3: Aufgaben den Lösungen zuordnen
4: Dividieren in Tabellen; Halbierung/Verdopplung der Ergebnisse erkennen

TÜ 45   **49**

Multiplizieren und Dividieren

1 **a)** 10 · 2 = 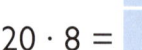   **b)** 20 · 2 =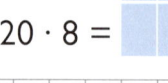

       20 · 2 = 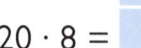   20 · 4 =

       30 · 2 =   20 · 6 =

       40 · 2 =   20 · 8 =

2 **a)** 80 : 2 =    **b)** 24 : 8 =

       40 : 2 =   24 : 6 =

       20 : 2 =   24 : 4 =

       10 : 2 =   24 : 2 =

| 20 | 40 | 40 | 60 | 80 | 80 | 120 | 160 |

| 3 | 4 | 5 | 6 | 10 | 12 | 20 | 40 |

3 Setze das richtige Zeichen:  < = > .

a)   4 · 15 ◯ 70   **b)**   88 : 4 ◯ 22   **c)**   9 · 22 ◯ 252

       7 · 21 ◯ 144   68 : 2 ◯ 33   95 : 5 ◯ 19

       6 · 12 ◯ 72   70 : 5 ◯ 17   8 · 55 ◯ 432

 4 In einer Konservenfabrik werden Dosen mit Früchten in Kartons verpackt.
In einen Karton kommen immer 8 Dosen.
Wie viele Kartons werden für 96 Dosen benötigt?

Aufgabe: 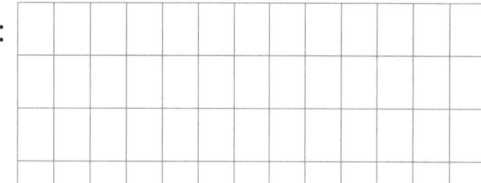   Antwort: _____

_____

_____

5 In einer Getränkefabrik werden Flaschen in Kästen gefüllt. Immer 9 Flaschen
kommen in einen Kasten. Wie viele Flaschen können in 15 Kästen gefüllt werden?

Aufgabe:    Antwort: _____

_____

_____

1 und 2: Multiplizieren / Dividieren; Zusammenhänge erkennen   3: Produkte / Quotienten berechnen;
Relationszeichen setzen   4 und 5: Inhalt erfassen; Aufgabe finden, lösen und antworten   **TÜ** 46

Vergleichen von Flächen

1 Ordne die Flächen nach ihrer Größe.

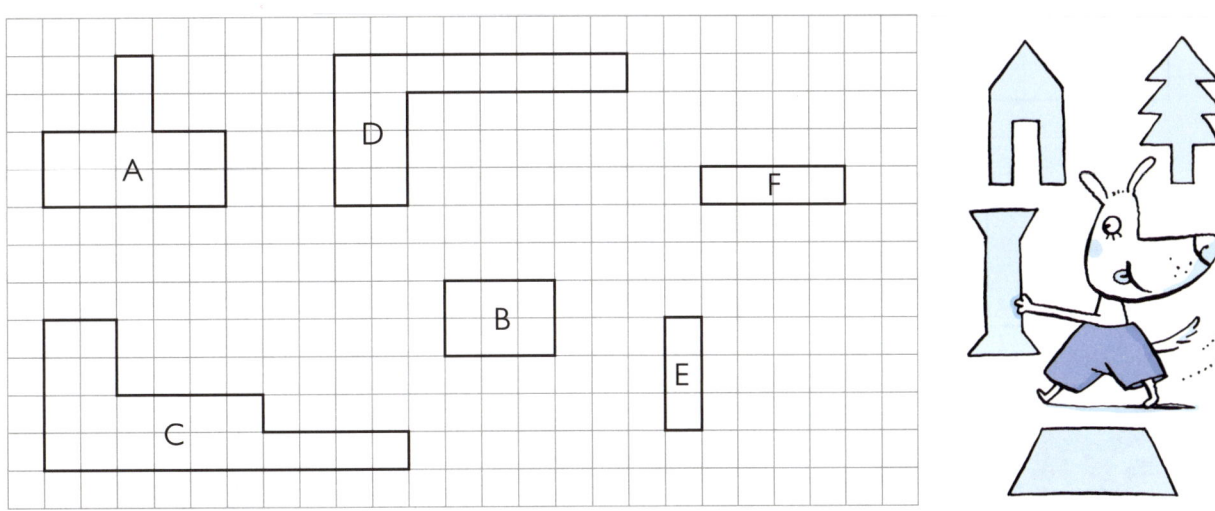

Beginne mit der kleinsten Fläche: _____

2 Wie oft passt das Quadrat in die Figuren?

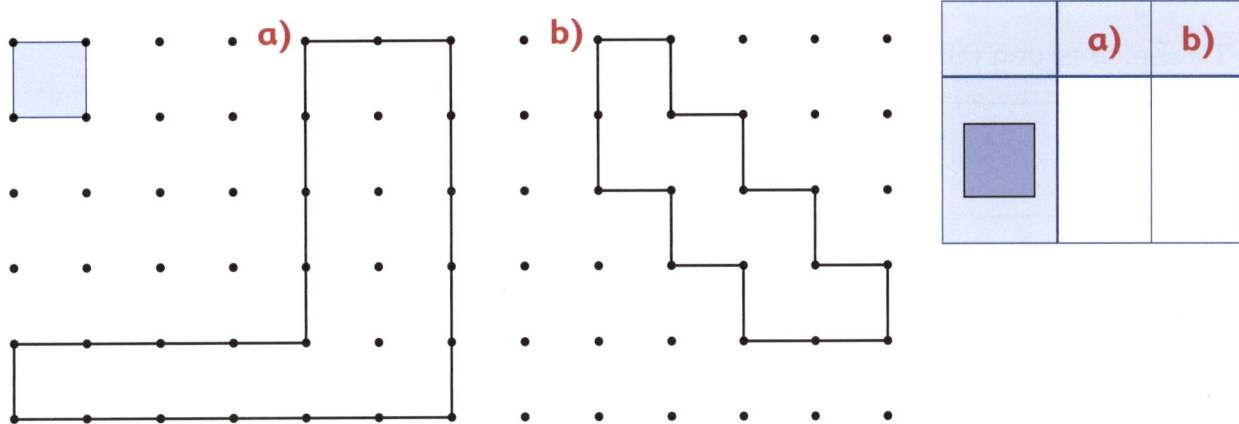

	a)	b)
▪		

3 **a)** Welche Figur ist doppelt so groß wie die Figur B?

Antwort: Die Figur [ ] ist doppelt so groß wie die Figur B.

b) Stimmt es, dass die Figur A halb so groß wie die Figur D ist? Antwort: _____

Begründe: _____

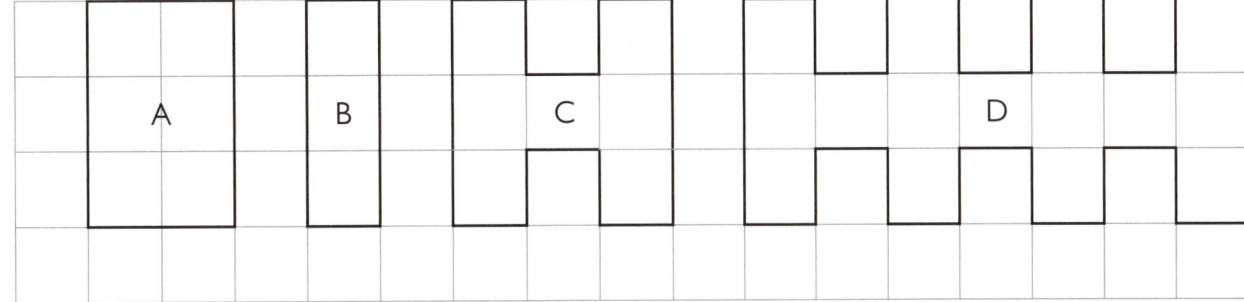

Vergrößern – Verkleinern

1 Zeichne die Katze doppelt so groß.

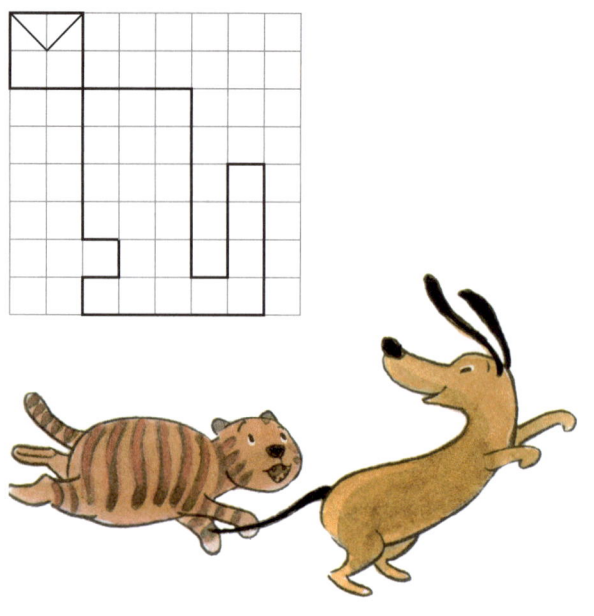
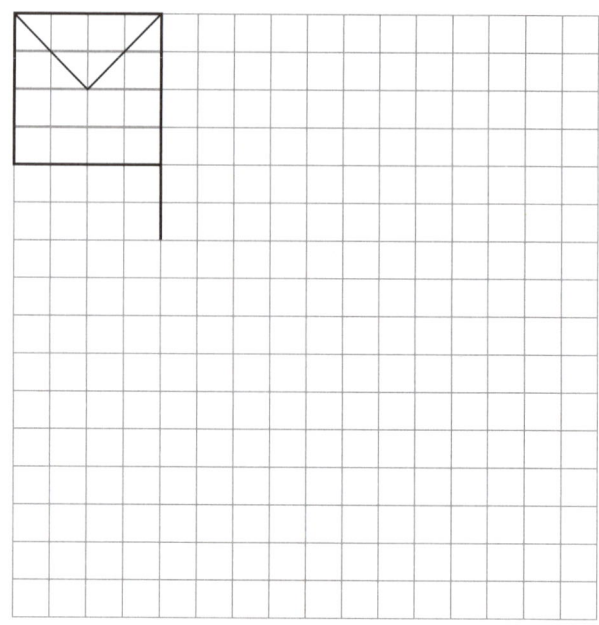

2 Zeichne den Hund halb so groß.

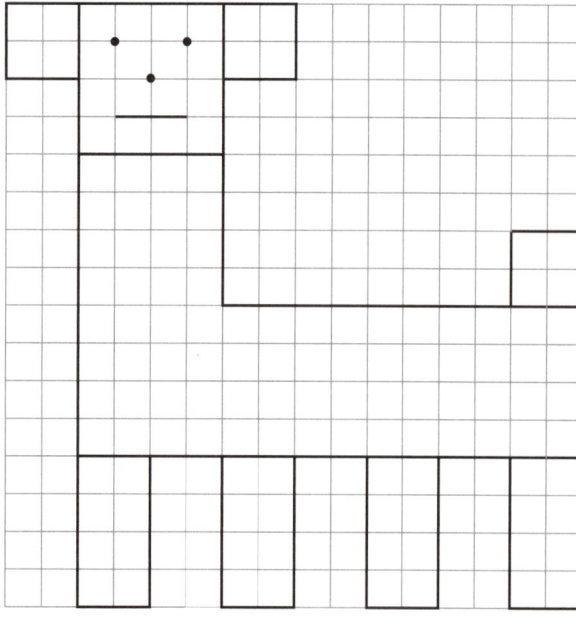
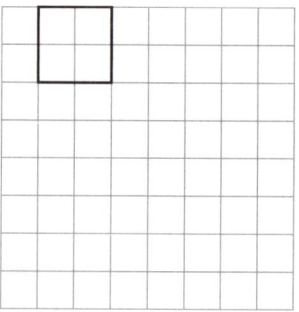

52   1 und 2: Vergrößern bzw. Verkleinern nach Vorgabe

TÜ 48

Zeichnen von Kreisen

1 **a)** Gib den Radius und den Durchmesser des blauen Kreises an.

r = ☐ cm   d = ☐ cm

b) Zeichne um M einen Kreis mit einem Radius, der 1 cm größer als der des blauen Kreises ist.

c) Zeichne um M einen Kreis mit einem Radius, der 1 cm kleiner als der des blauen Kreises ist.

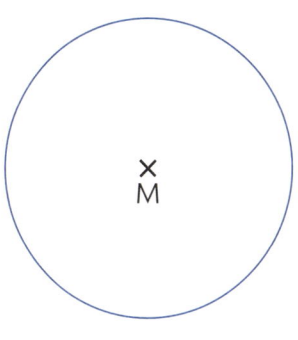

2 Zeichne die Kreismuster weiter. Male sie farbig aus.

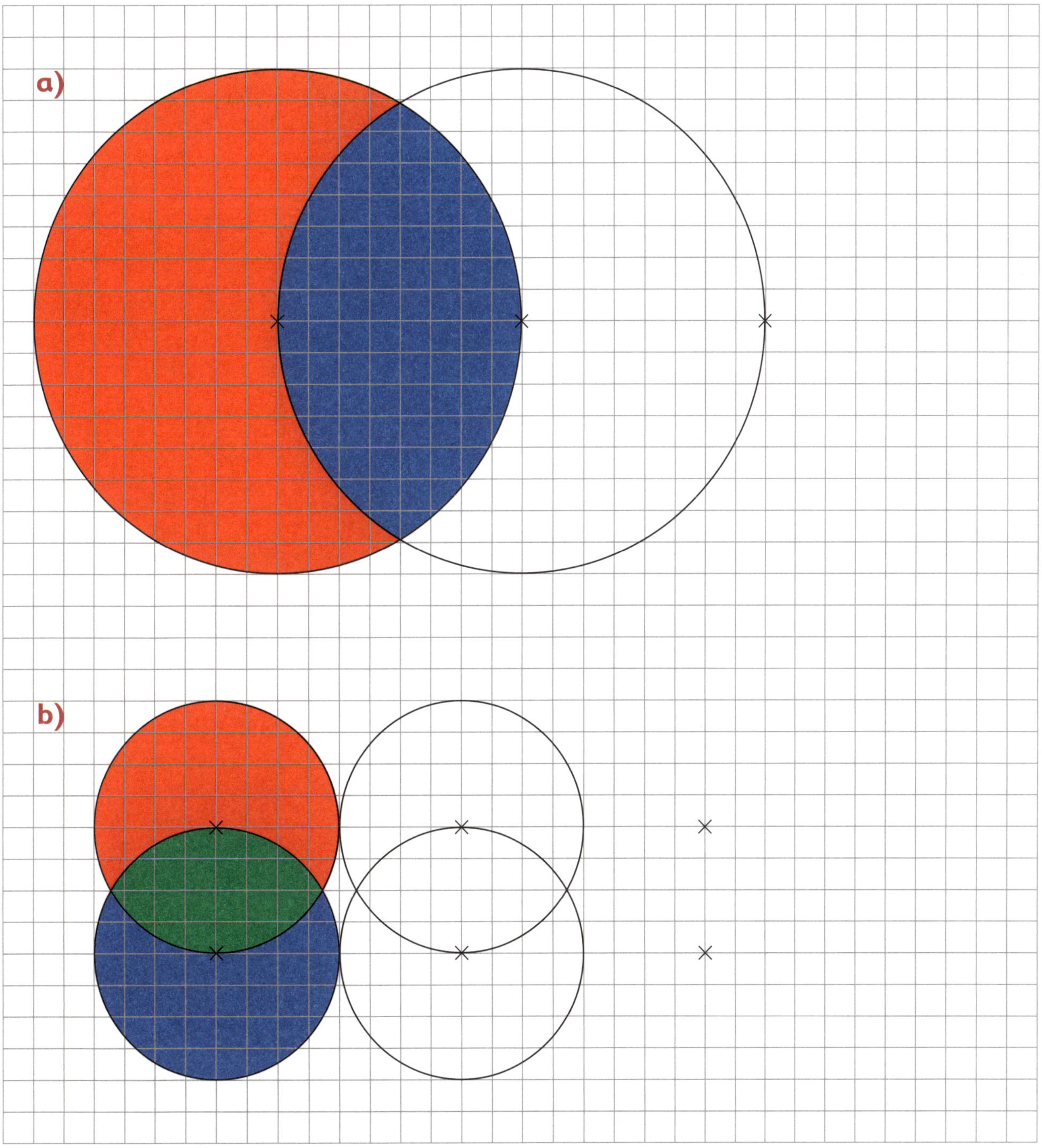

a)

b)

Achsensymmetrische Figuren

1 Finde die Symmetrieachsen. Zeichne sie rot ein.
Male die Muster symmetrisch aus.

a)

b)

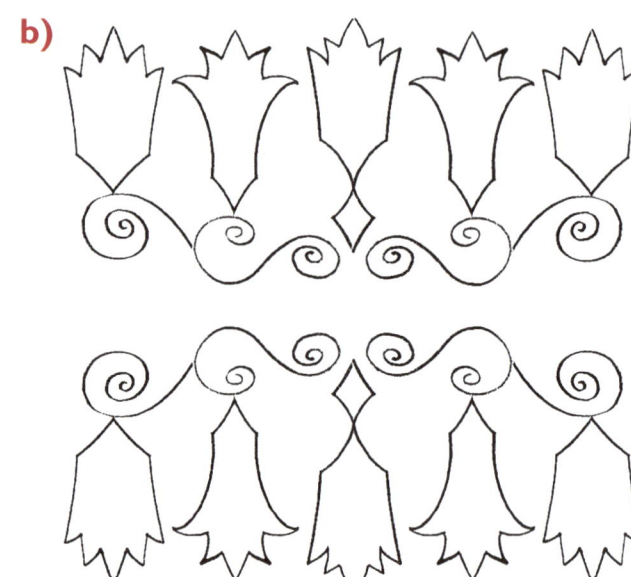

2 Ergänze zu symmetrischen Figuren.

a)

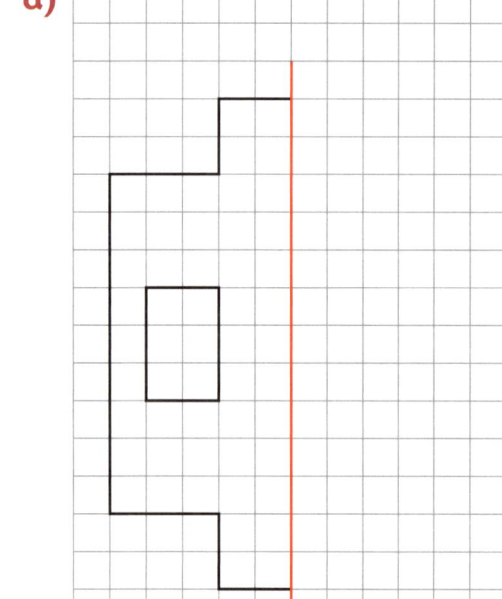

b)

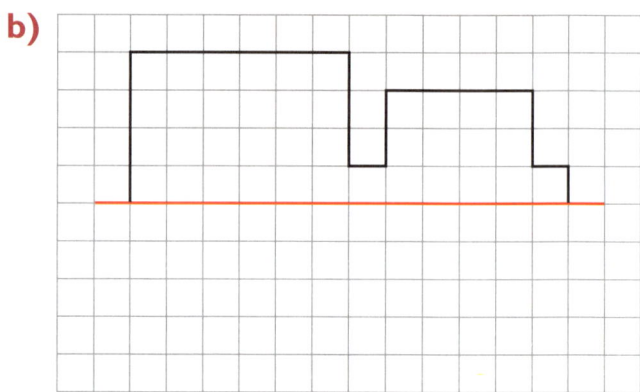

c)

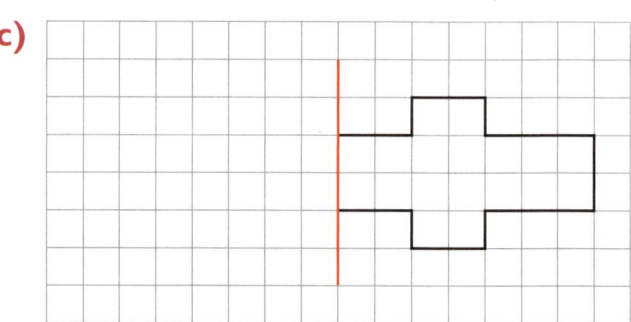

1: Symmetrieachsen finden und einzeichnen; Muster symmetrisch färben
2: Zu achsensymmetrischen Figuren ergänzen

Achsensymmetrische Figuren – Bandornamente

1 Ergänze zu symmetrischen Figuren.

a)

b)

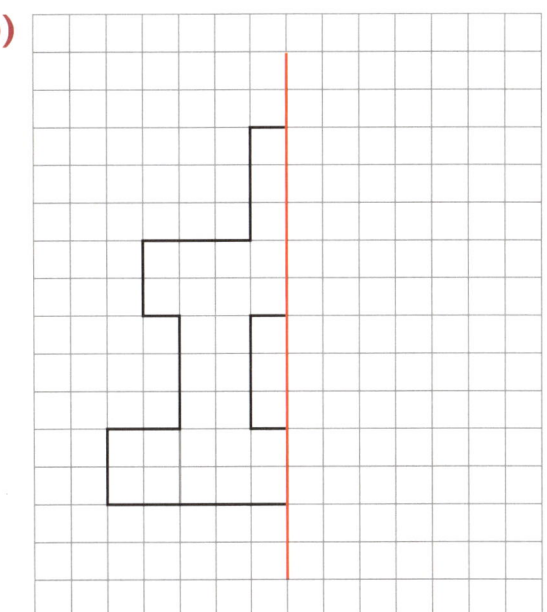

2 Zeichne das Bandornament weiter.

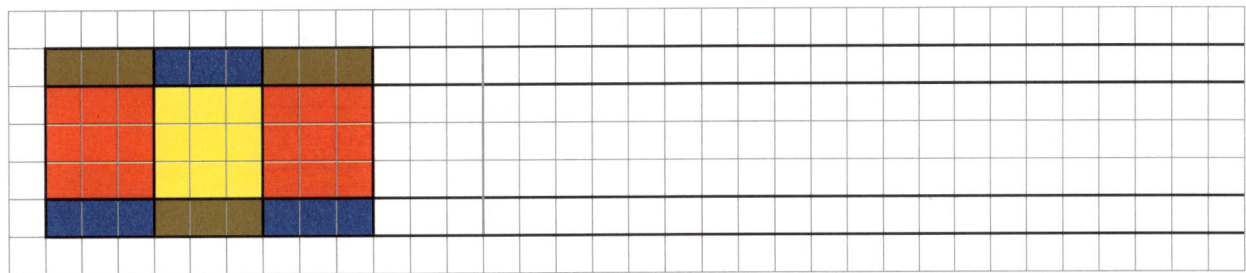

3 Die Bandornamente enthalten Fehler. Kreise die Fehler ein.

a)

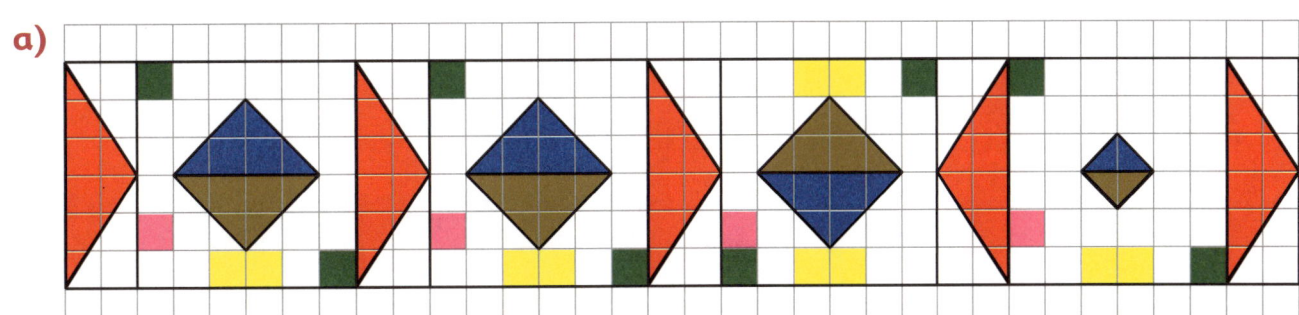

b)

Multiplizieren zweistelliger Zahlen mit Zehnerzahlen

1

30 · 27	20 · 34	40 · 23
30 · 20 =		
30 · 7 =		

2

13 · 70	43 · 20	16 · 60
10 · 70 =		
3 · 70 =		

3

50 · 17	24 · 30	32 · 30

680 720 810 850 860 910 920 960 960

4 Der Kranfahrer steigt jeden Tag 20 Stufen zu seiner Kabine hoch und 20 Stufen wieder runter. Wie viele Stufen steigt er in einem Monat mit 22 Arbeitstagen hoch und runter?

Antwort: _____

5 Ergänze die fehlenden Zahlen.

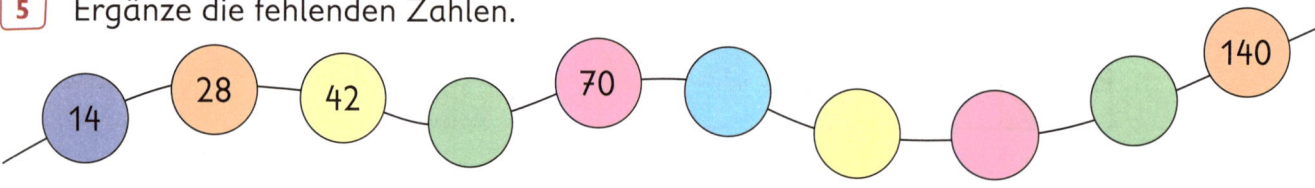

14 28 42 ⬤ 70 ⬤ ⬤ ⬤ ⬤ 140

1 bis 3: Halbschriftliches Multiplizieren; Rechenvorteile nutzen
3: Inhalt erfassen; Aufgabe finden, lösen und antworten   5: Fehlende Zahlen eintragen

Multiplizieren ohne Übertrag

1

H	Z	E			H	Z	E			H	Z	E			H	Z	E	
3	1	4	· 2		2	3	1	· 3		4	4	2	· 2		1	2	0	· 4
	H	Z	E			H	Z	E			H	Z	E			H	Z	E

480 628
693 884

2 Rechne erst den Überschlag und multipliziere dann.

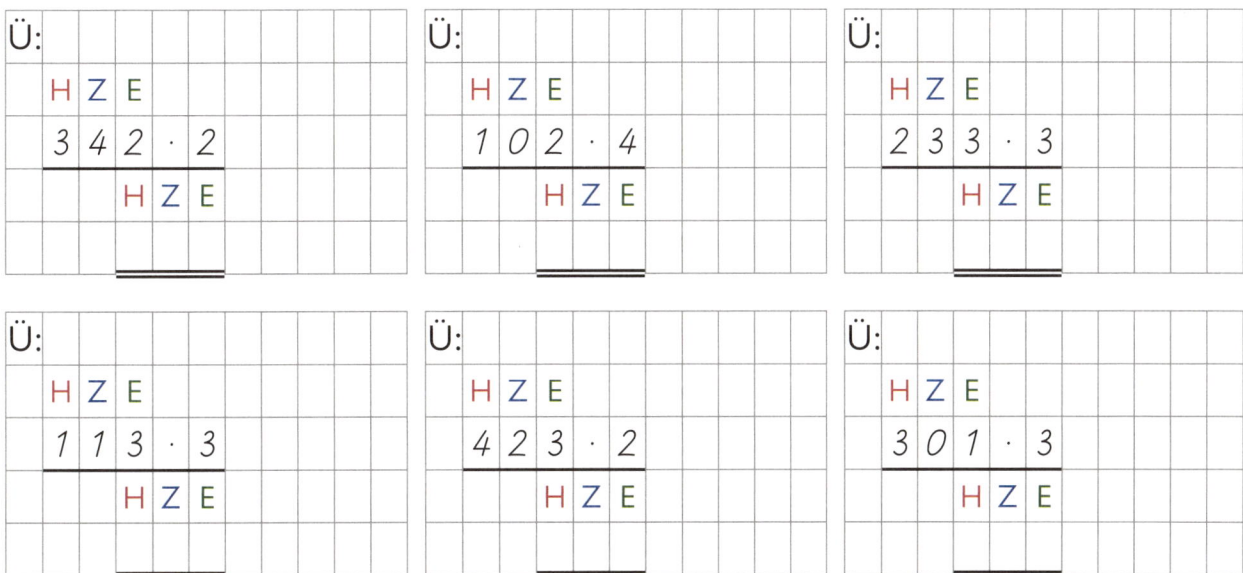

Ü:

H	Z	E
3	4	2 · 2
	H	Z	E

Ü:

H	Z	E
1	0	2 · 4
	H	Z	E

Ü:

H	Z	E
2	3	3 · 3
	H	Z	E

Ü:

H	Z	E
1	1	3 · 3
	H	Z	E

Ü:

H	Z	E
4	2	3 · 2
	H	Z	E

Ü:

H	Z	E
3	0	1 · 3
	H	Z	E

3 Rechne erst den Überschlag und multipliziere dann.

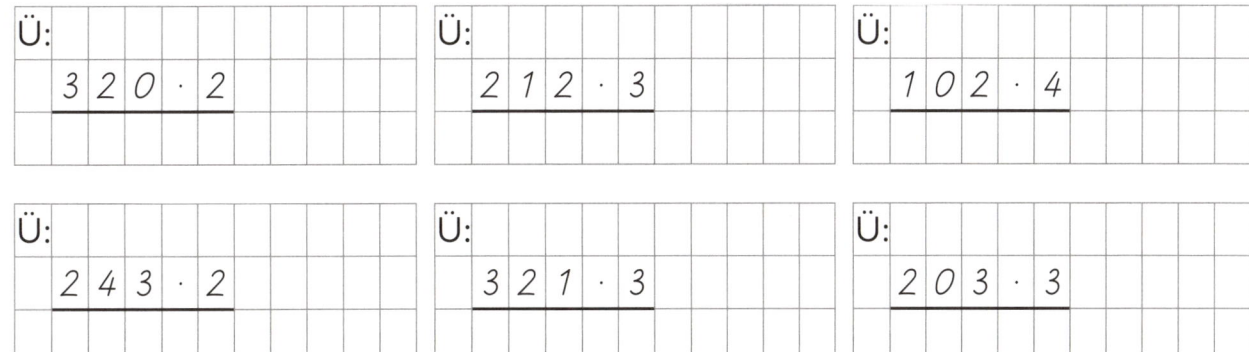

Ü: 3 2 0 · 2

Ü: 2 1 2 · 3

Ü: 1 0 2 · 4

Ü: 2 4 3 · 2

Ü: 3 2 1 · 3

Ü: 2 0 3 · 3

4

Berechne das Dreifache von 123.	Berechne das Doppelte von 434.	Berechne das Sechsfache von 111.

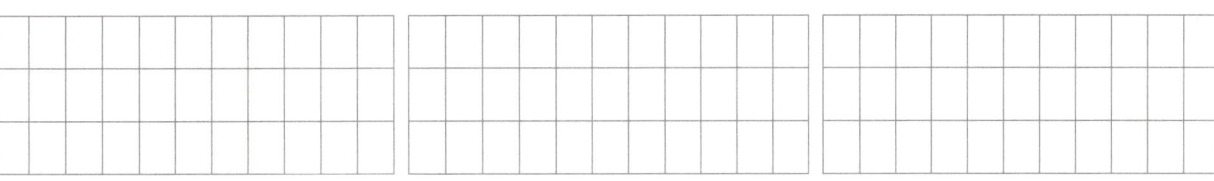

Multiplizieren mit Übertrag

1 Überschlage zuerst, multipliziere dann.

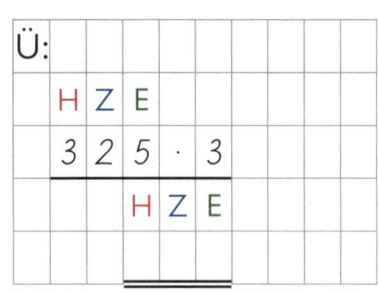

Ü: _____

H	Z	E	
3	2	5	· 3
	H	Z	E

Ü: _____

H	Z	E	
2	3	9	· 2
	H	Z	E

Ü: _____

H	Z	E	
1	1	8	· 4
	H	Z	E

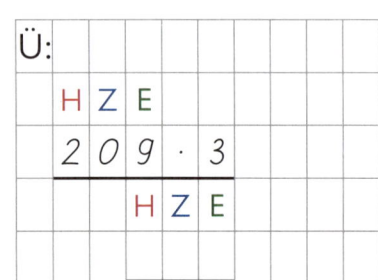
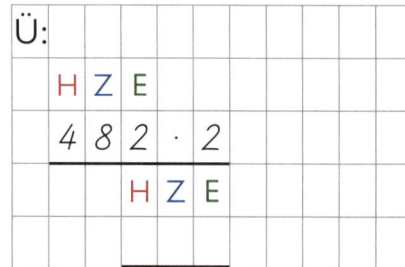

Ü: _____

H	Z	E	
2	0	9	· 3
	H	Z	E

Ü: _____

H	Z	E	
4	8	2	· 2
	H	Z	E

Ü: _____

H	Z	E	
1	7	1	· 5
	H	Z	E

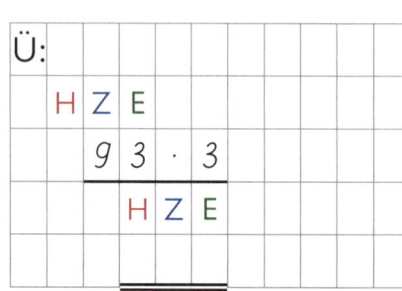
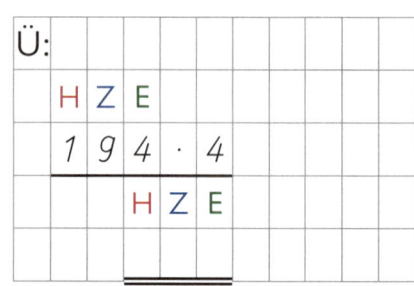

Ü: _____

H	Z	E	
2	6	3	· 3
	H	Z	E

Ü: _____

H	Z	E	
	9	3	· 3
	H	Z	E

Ü: _____

H	Z	E	
1	9	4	· 4
	H	Z	E

279   472   478   627   776   789   855   964   975

2 Welcher Schmetterling setzt sich auf welche Blume? Male mit derselben Farbe aus.

116 · 8

135 · 7

198 · 3

108 · 6

945

648

928

594

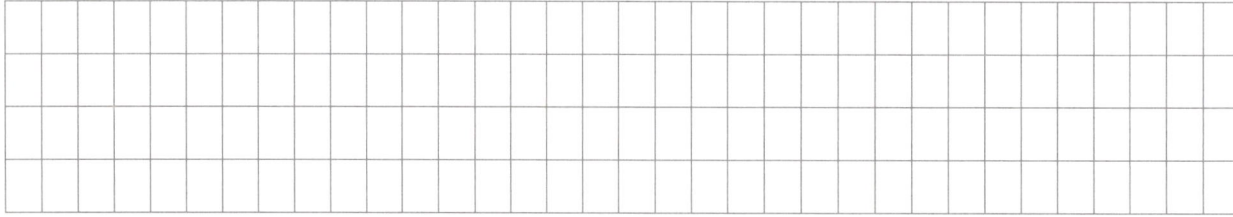

Dividieren dreistelliger Zahlen durch einstellige Zahlen

1

240 : 5
200 : 5 =
40 : 5 =

220 : 4

440 : 8

154 : 7

159 : 3

909 : 9

22
48
53
55
55
101

2

190 : 2

375 : 5

161 : 7

144 : 4

282 : 6

352 : 8

23
36
44
47
75
95

3 Von 104 Kindern der 3. Klassen trainiert die Hälfte in einer Sportgruppe.

Frage: _____

_____

Aufgabe:

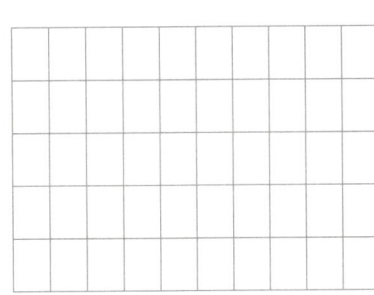

Antwort: _____

_____

_____

_____

Multiplizieren und Dividieren

1 Bilde Aufgabenfamilien.

a) 43 4 172 **b)** 33 6 198 **c)** 42 7 294 **d)** 25 5 125

2 Setze das richtige Zeichen: < = >.

a) $25 \cdot 6$ ⬤ 135 **b)** $360 : 6$ ⬤ 60 **c)** $53 \cdot 8$ ⬤ 410

    $32 \cdot 5$ ⬤ 170 $332 : 4$ ⬤ 87 $288 : 6$ ⬤ 37

3 Anna hat drei CDs gekauft. Auf jeder CD sind 76 Minuten Musik.
Wie viele Minuten Musik kann sie hören?

Aufgabe: Antwort: _____

4 Rechne und male die Felder mit den Ergebnissen aus.   Rechne hier:

| $54 \cdot 4$ | $248 : 8$ | $3 \cdot 83$ | $330 : 5$ | $7 \cdot 52$ |

| $288 : 6$ | $4 \cdot 81$ | $192 : 6$ | $41 \cdot 8$ |

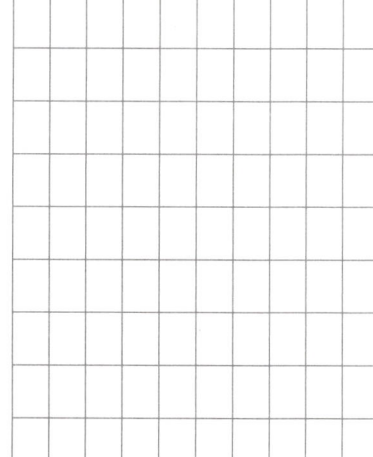

248   164   224   328   290
272   216   249   322
36   48   364   116   248   160
132   324   31   47   189
32   13   66
333   184   25

60

1: Aufgabenfamilien bilden   2: Vergleichen und Relationszeichen setzen   3: Inhalt erfassen;
Aufgaben finden, lösen und antworten   4: Multiplizieren/Dividieren; Ergebnisse ausmalen   **TÜ** 56

Minuten – Sekunden – Uhrzeit

1 Gib jeweils die Vormittags- und die Nachmittagszeit an.

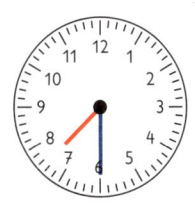    

     7:30 Uhr   ____ Uhr   ____ Uhr   ____ Uhr   ____ Uhr

   19:30 Uhr   ____ Uhr   ____ Uhr   ____ Uhr   ____ Uhr

2 Zeichne die Zeiger ein und ergänze die Uhrzeiten.

 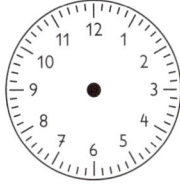  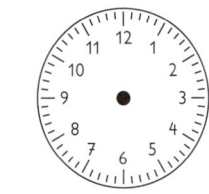

    8:30 Uhr   ____ Uhr   6:20 Uhr   1:07 Uhr   ____ Uhr

   ____ Uhr   22:15 Uhr   ____ Uhr   ____ Uhr   18:58 Uhr

3 Schreibe auf, wie viele Sekunden seit 8:00 Uhr vergangen sind.

  ____ s   ____ s   ____ s   ____ s   ____ s

4 Rechne um.

a)

Stunden	1	3	7	8				
Minuten					120	240	600	360

b)

Minuten	1	5	8	10				
Sekunden					240	120	420	540

Alle Einheiten der Zeit – Zeitpunkt und Zeitdauer

1

a)

s	min
180	
600	
360	
	4
	9

b)

min	h
120	
180	
240	
	5
	7

c)

h	Tage
48	
96	
72	
	10
	5

d)

Tage	Wochen
14	
28	
35	
	10
	8

2 Ordne. Beginne mit der kürzesten Zeit.

a) 240 s   2 min   180 s   60 s   300 s   6 min   10 min

_____

b) 5 h   120 min   1 h   180 min   360 min   4 h

_____

Wie viel Zeit ist vergangen?

3 **a)**  + ▢▢ min ⟶    **b)**  + ▢ h ▢ min ⟶

 + ▢▢ min ⟶    + ▢ h ▢ min ⟶

 + ▢▢ min ⟶    + ▢ h ▢ min ⟶

4 **a)** 6:20 Uhr + ▢▢ min ⟶ 6:45 Uhr   **b)** 8:20 Uhr + ▢ h ▢ min ⟶ 10:40 Uhr

9:05 Uhr + ▢▢ min ⟶ 10:00 Uhr   10:25 Uhr + ▢ h ▢ min ⟶ 13:55 Uhr

20:50 Uhr + ▢▢ min ⟶ 21:20 Uhr   18:15 Uhr + ▢ h ▢ min ⟶ 21:20 Uhr

Zeitpunkt und Zeitdauer

1 Tom erzählt: „Am Wochenende war ich mit meiner Familie im Zoo. Um 8:30 Uhr fuhren wir von zu Hause los. Die Hin- und Rückfahrt dauerte jeweils 1 Stunde. Wir blieben 5 Stunden im Zoo. Es war ein toller Tag."

a) Trage die fehlenden Angaben in die Übersicht ein.

____ Uhr
Abfahrt zu Hause

___ h

Hinfahrt

_____ Uhr
Ankunft im Zoo

_____ Uhr
Ankunft zu Hause

___ h

Rückfahrt

_____ Uhr
Abfahrt vom Zoo

b) Beantworte mithilfe der Übersicht die folgenden Fragen.

Wann kam Tom mit
seiner Familie im Zoo an?   _____

Wann fuhren sie
im Zoo ab?   _____

Wie lange dauerten die Hin- und
Rückfahrt zusammen?   _____

Wann waren Tom und seine
Familie wieder zu Hause?   _____

2 Trage die fehlenden Angaben in die Tabelle ein.

	Abfahrt	Fahrzeit	Ankunft
Maria	8:15 Uhr	35 min	Uhr
Lisa	5:40 Uhr		7:50 Uhr
Anna	17:10 Uhr	1 h 40 min	Uhr
Max	7:35 Uhr	6 h 20 min	Uhr
Ben	5:55 Uhr		8:00 Uhr
Tom	11:15 Uhr	4 h 20 min	Uhr

Würfel – Quader

1 Wie viele Stäbchen und Knetkügelchen fehlen an den Kantenmodellen?
Baue die Kantenmodelle. Ergänze die Abbildungen.

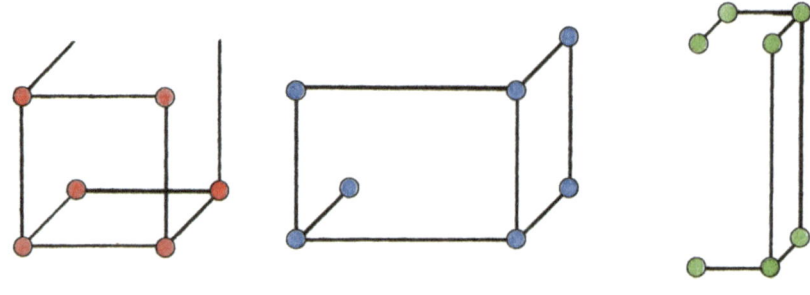

fehlende Stäbchen			
fehlende Kügelchen			

2 Baue Kantenmodelle eines Würfels und eines Quaders.
Wähle die passenden Stäbchen aus und färbe sie:

a) **rot** für das Kantenmodell des Würfels,

b) **blau** für das Kantenmodell des Quaders.

c) Gib an, wie viele Knetkügelchen du für die Ecken
jedes Modells benötigst.

☐ ☐ Knetkügelchen Würfel   ☐ ☐ Knetkügelchen Quader

3 Kippe diesen Würfel nach hinten.
Welche Augenzahlen siehst du nun?
Zeichne sie ein.

1: Anzahl der fehlenden Stäbchen und Kügelchen bestimmen   2: Stäbchen für den Würfel/Quader auswählen;
Anzahl der Ecken angeben   3: Augenzahlen bestimmen und einzeichnen   **TÜ** 59

Würfelnetze

1 Die gegenüberliegenden Flächen der Würfel sollen die gleiche Farbe bekommen.
Färbe die Flächen in den Würfelnetzen **rot**, **blau** und **gelb**.

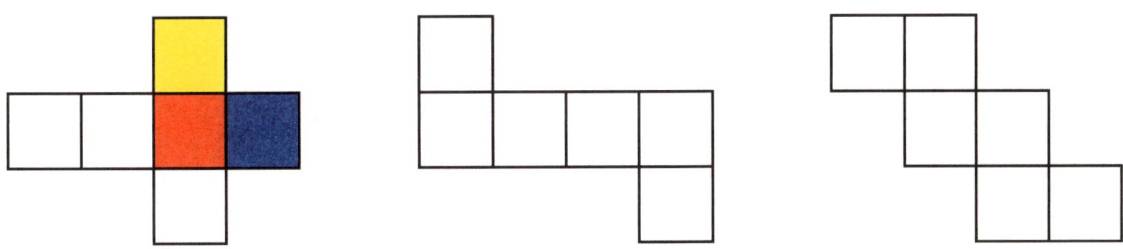

2 Vervollständige zu Würfelnetzen.

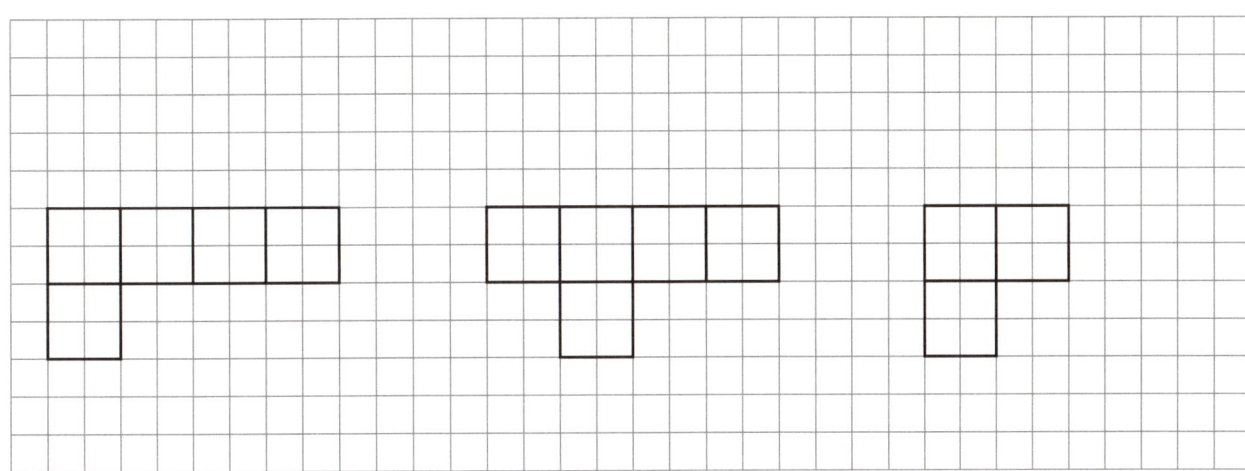

3 Ein Würfel hat die Kantenlänge von 25 mm.
Vervollständige zu diesem Würfel ein Würfelnetz und zeichne die Augenzahlen ein.

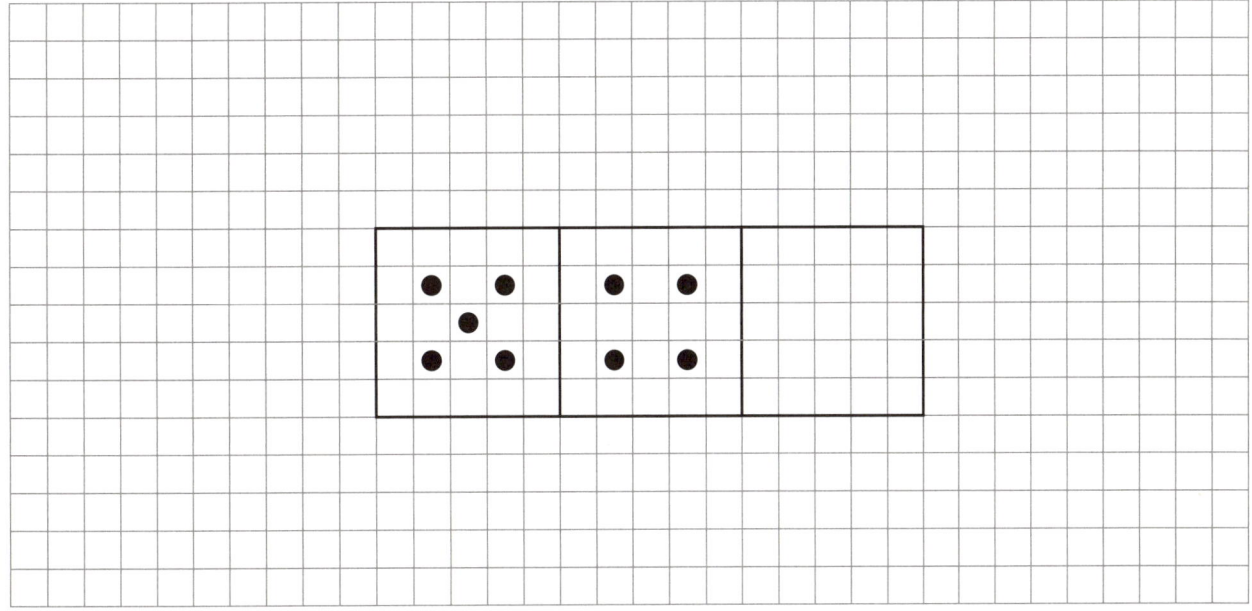

Quadernetze

1 Die gegenüberliegenden Flächen der Quader sollen die gleiche Farbe bekommen.
Färbe die Flächen in den Quadernetzen **rot**, **blau** und **gelb**.

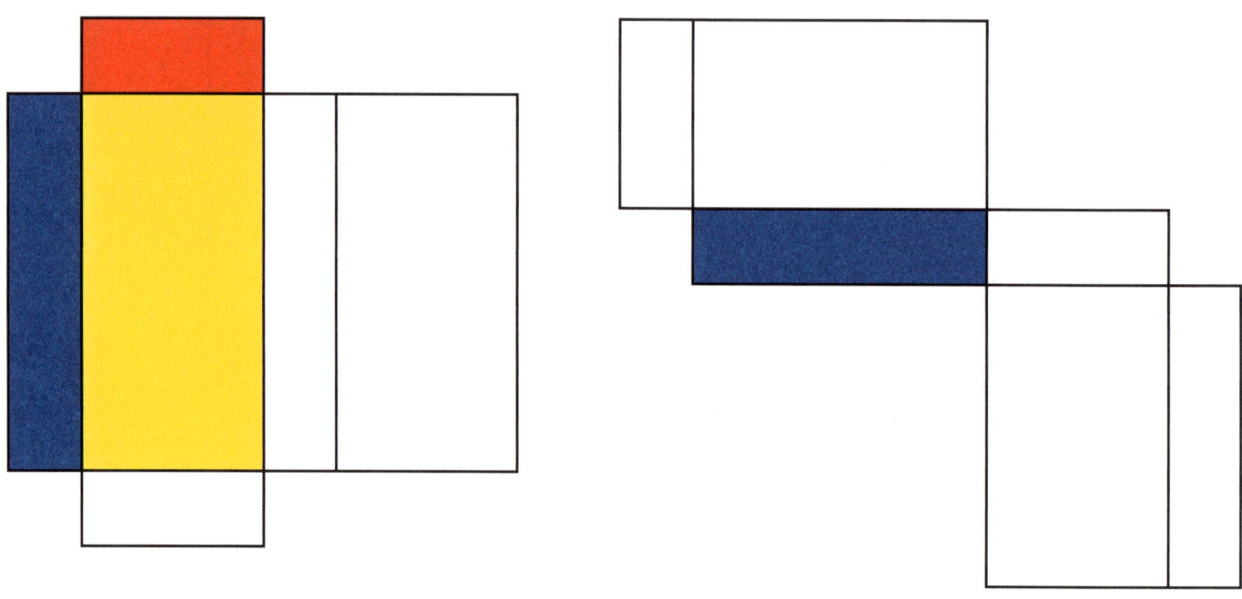

2 Ergänze zu Quadernetzen.

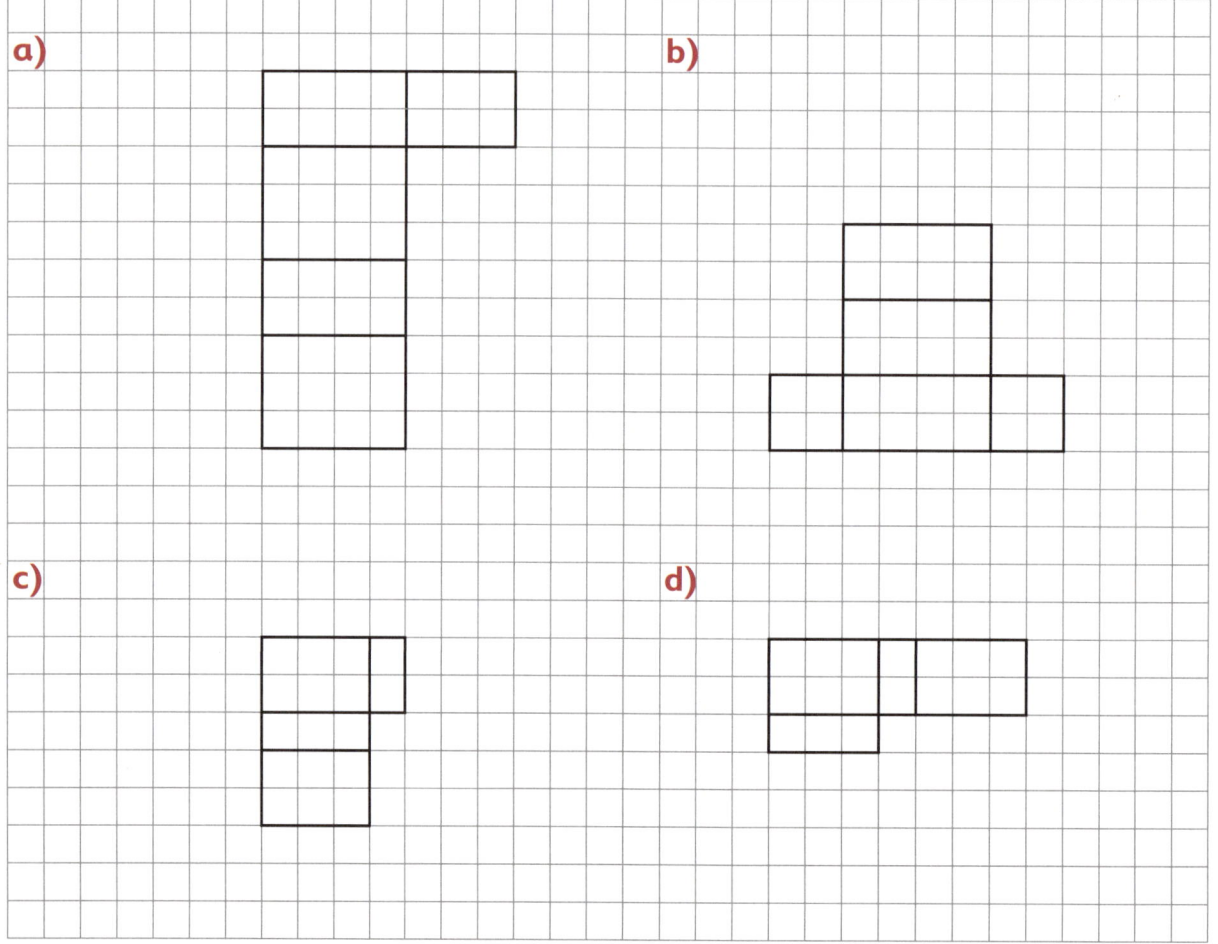

a)

b)

c)

d)

1: Gegenüberliegende Seiten erkennen und mit gleicher Farbe ausmalen
2: Quadernetze vervollständigen

Zeichnen und Bauen

1 Zeichne die Würfel fertig.

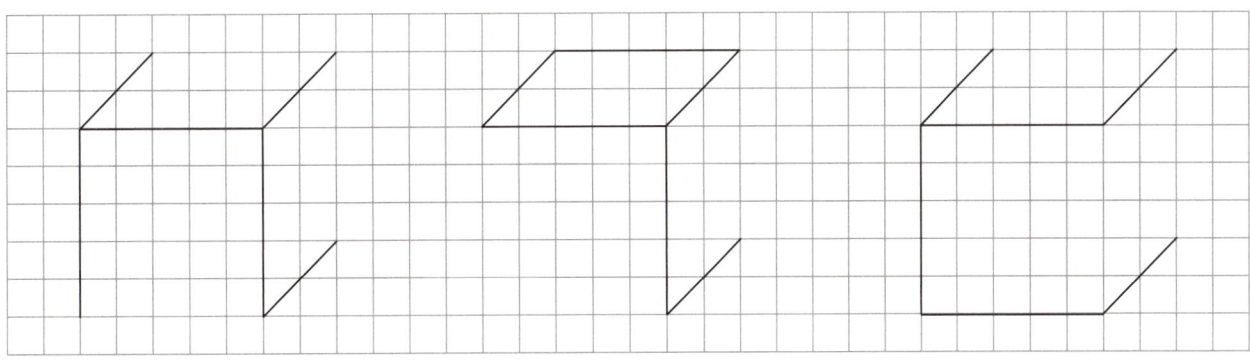

2 Zeichne die Quader fertig.

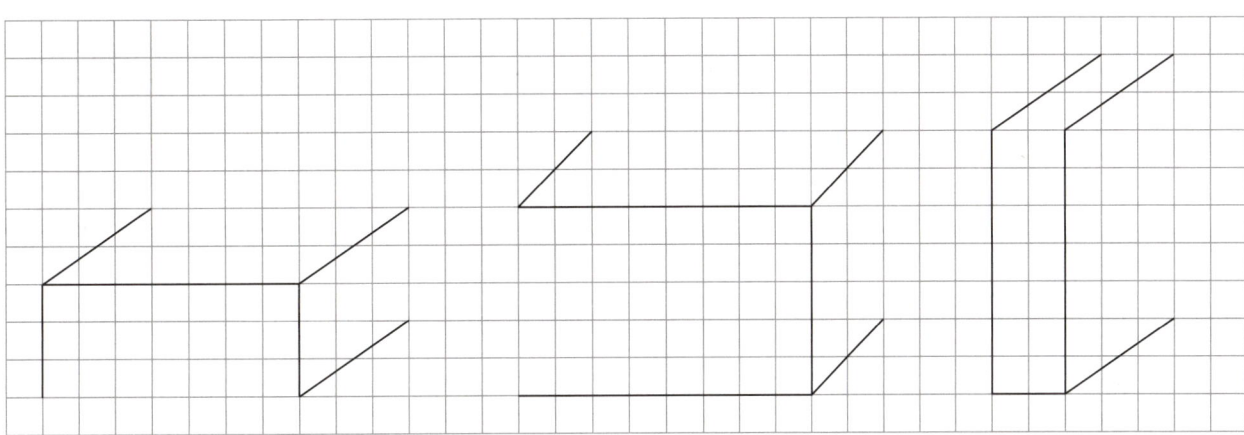

3 Baue mit Würfeln diesen Quader fertig.

a) Wie viele Würfel benötigst du noch?

 Würfel

b) Wie viele Würfel hast du insgesamt benötigt?

 Würfel

4 Mit zwei dieser Grundplatten soll ein Quader gebaut werden.
Baue die Grundplatte. Dann baue die gleiche Grundplatte noch einmal darüber.

Aus wie vielen Würfeln besteht der Quader dann?

Er besteht aus  Würfeln.

Pyramide – Zylinder – Kegel

1 Trage die Namen der Körper in die Tabelle ein.

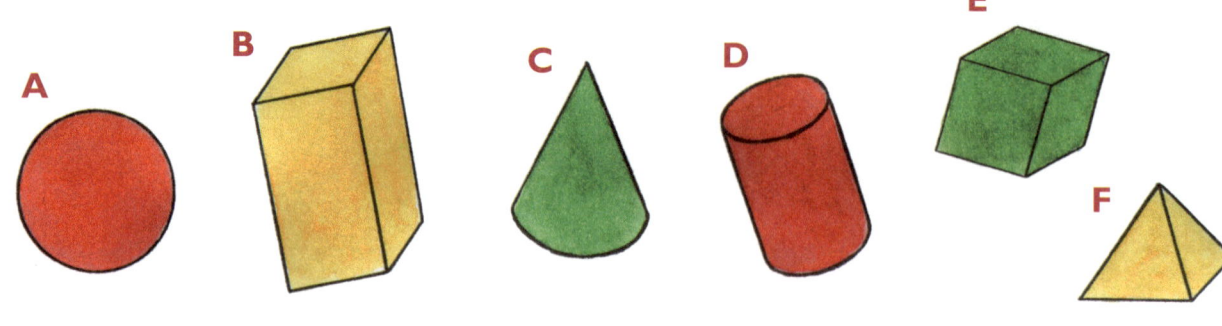

Körper	Name
A	
B	
C	
D	
E	
F	

Kegel
Würfel
Kugel
Pyramide
Zylinder
Quader

2 Male aus.

Zylinder
Pyramide
Kegel
Quader
Kugel

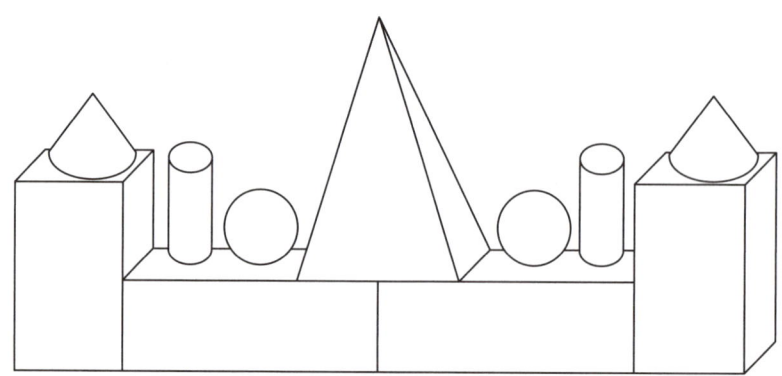

3 Male den Körper und das passende Körpernetz mit der gleichen Farbe aus.

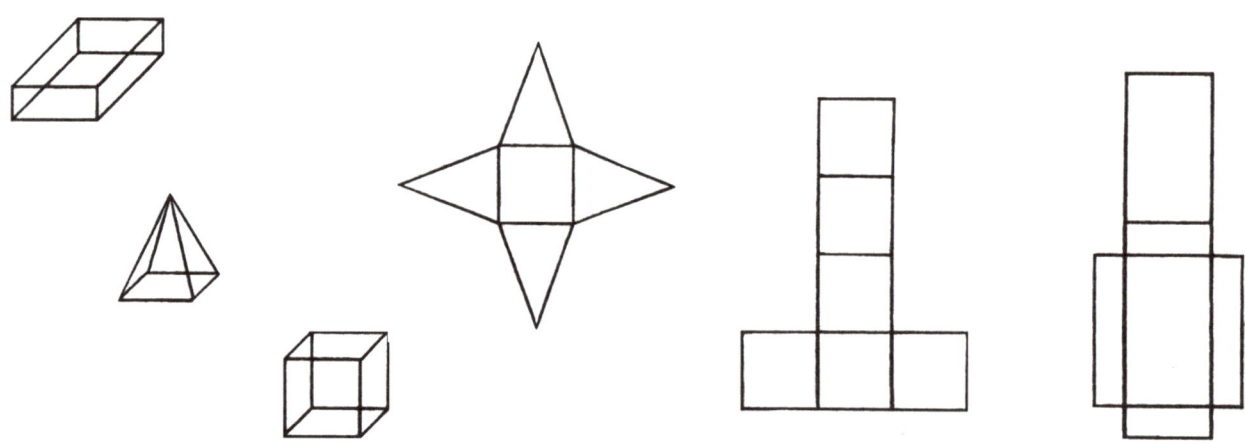

1: Namen den Körpern zuordnen   2: Körper erkennen und in den angegebenen Farben färben
3: Körpernetze den Körpern zuordnen und färben

Addieren und Subtrahieren

1 **a)**

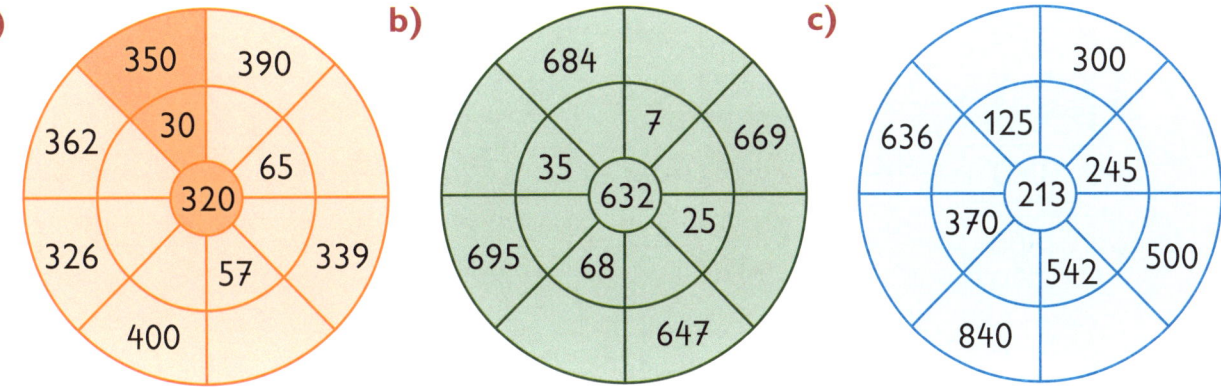

350 390
30
362
65
320
326
57 339
400

b)

684
7
669
35
632
25
695 68
647

c)

300
636 125
245
213
370
542 500
840

6 15 19 37 42 52 63 70 80 87 287 338 377
385 423 458 583 627 639 657 667 700 755

2 Immer zwei Aufgaben haben das gleiche Ergebnis.
Male mit der gleichen Farbe aus.

218 + 8   645 − 28   300 − 74   846 − 423

615 + 45   766 − 106   680 − 63   350 + 73

900 − 1   654 + 245   795 − 345   327 + 123

3 **a)** 3 2 9 + 2 8 7   **b)** 2 9 2 + 8 7 + 1 2 6   **c)** 6 0 3 + 9 5 + 2 1 3

d) 4 5 8 − 3 9 6   **e)** 7 4 1 − 2 6 7   **f)** 6 8 2 − 4 6 9

Multiplizieren und Dividieren

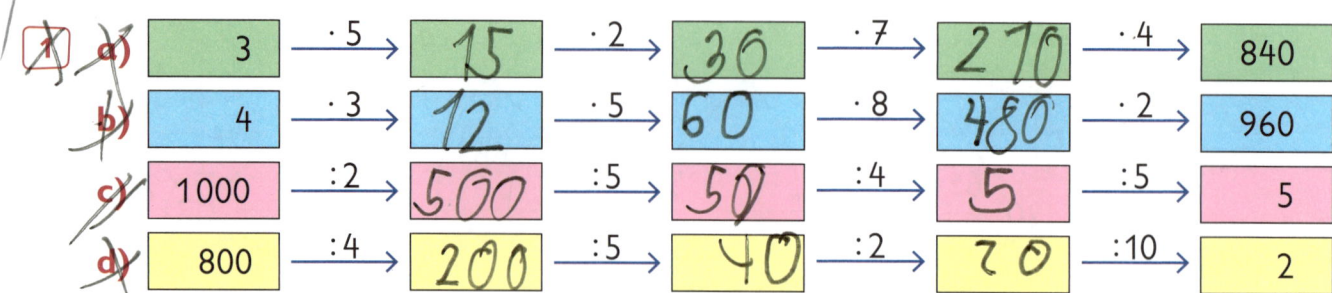

1
a) 3 —·5→ 15 —·2→ 30 —·7→ 270 —·4→ 840
b) 4 —·3→ 12 —·5→ 60 —·8→ 480 —·2→ 960
c) 1000 —:2→ 500 —:5→ 50 —:4→ 5 —:5→ 5
d) 800 —:4→ 200 —:5→ 40 —:2→ 70 —:10→ 2

Verbinde mit dem richtigen Ergebnis.

2 a)

4 · 17	152
8 · 19	512
5 · 35	68
64 · 8	175
38 · 7	552
92 · 6	266

b)

96 : 8	13
120 : 5	150
78 : 6	12
287 : 7	24
600 : 4	41
45 : 3	15

Punktrechnung geht vor Strichrechnung.

Wie rechnest du?

3
a) 4 · 3 + 4 = 16
15 : 5 + 6 = 14
30 + 48 : 6 = 38
42 − 4 · 5 = 22

b) 5 · 2 + 6 = 40
7 · 8 − 4 = 28
26 − 1 · 9 = 17
56 − 7 · 8 = 00

c) 6 · 50 − 4 = 296
32 : 2 − 8 = 8
8 · 40 + 9 = 169
60 : 3 + 36 = 56

4 Setze die Rechenzeichen · : richtig ein.

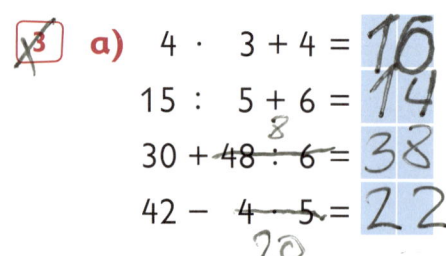

a) 5 · 6 = 30
36 : 9 = 4
5 · 8 = 40
24 : 6 = 4

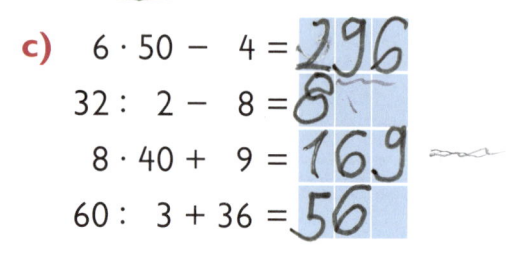

b) 3 · 25 = 75
60 : 6 = 10
1 · 210 = 210
36 : 2 = 18

Addieren und Subtrahieren – Sachaufgaben

1 Familie Glaser kommt aus Stralsund.
Zuerst besuchen sie Freunde in Berlin.
Von dort fahren sie nach Hamburg.

Wie viele Kilometer sind sie
insgesamt gefahren?

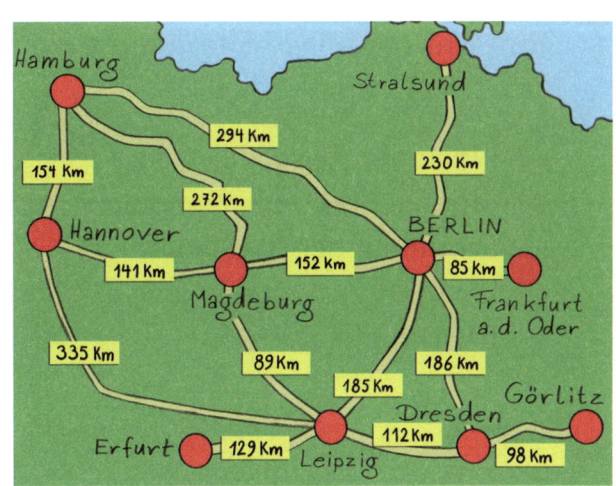

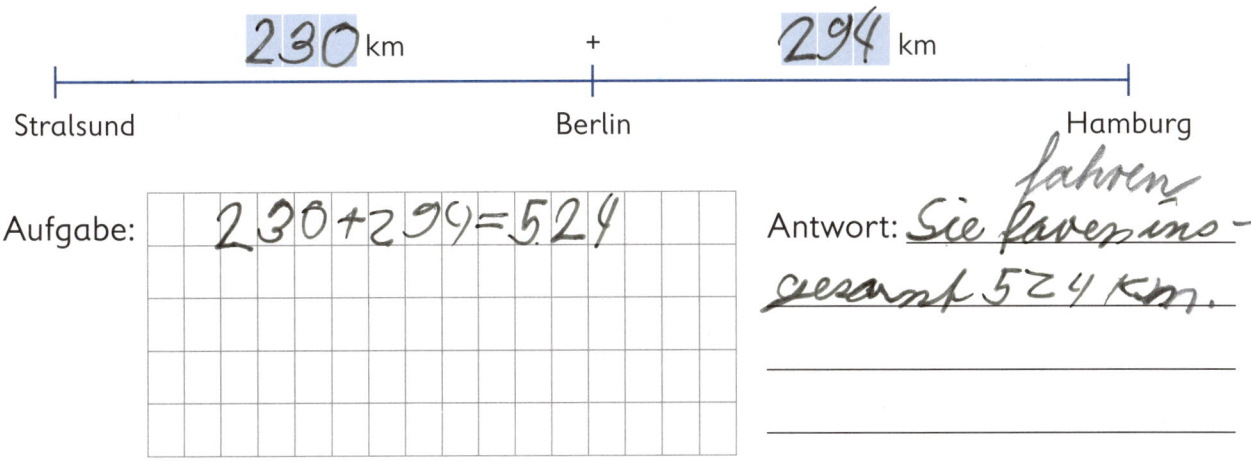

	230 km	**+**	**294** km	
Stralsund		Berlin		Hamburg

Aufgabe: $230 + 294 = 524$

Antwort: Sie fahren insgesamt 524 km.

2 Frau Knut aus Hamburg fährt am Wochenende nach Dresden. Auf der Hinfahrt
fährt sie über Berlin, auf der Rückfahrt über Leipzig und Magdeburg.
Welcher Weg ist der kürzeste und wie lang ist er?

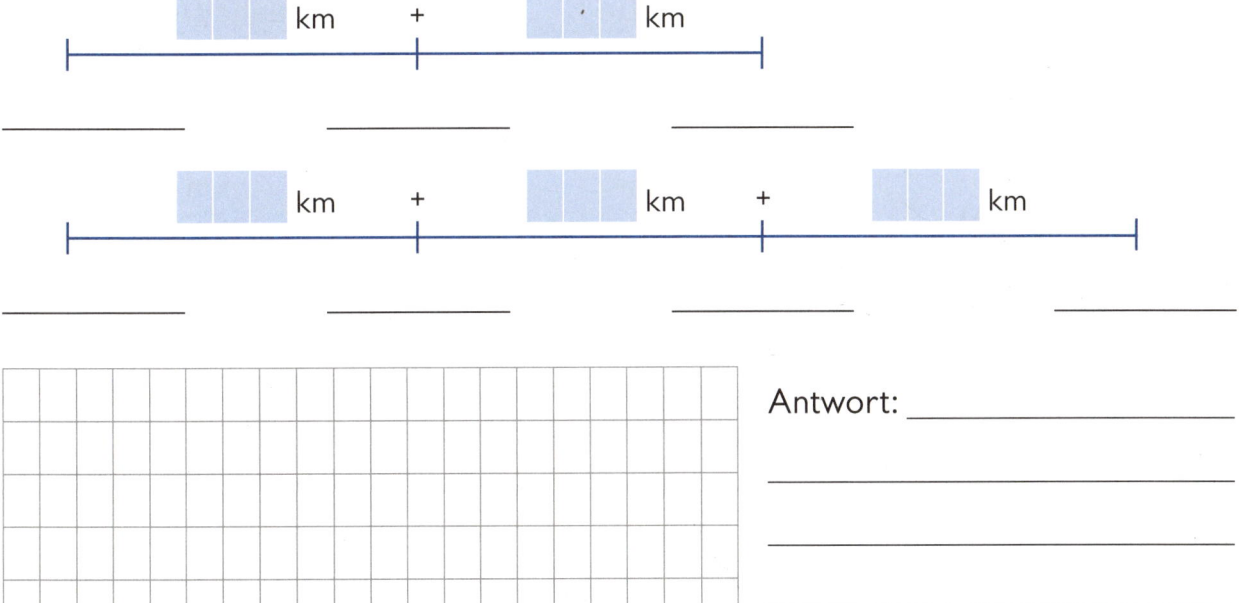

Antwort: _____

1 Tom war mit seinen Eltern auf einer Städterundreise.

a) Nach der Reise will er sein Reisetagebuch vervollständigen.
Schau auf der Reisekarte
Seite 71 nach und trage die
Entfernungen ein.

Tag	Strecke	Entfernung
	Mein Reisetagebuch	
Mo.	Görlitz–Dresden–Leipzig	210 km
Di.	Leipzig–Erfurt–Leipzig	
Mi.	Leipzig–Magdeburg–Hannover	
Do.	Hannover–Hamburg	
Fr.	Hamburg–Berlin	
Sa.	Berlin–Dresden–Görlitz	

b) Wie viele Kilometer ist die Familie in der ersten Wochenhälfte (Mo. – Mi.) gefahren?

Antwort: _____

_____

c) Wie viele Kilometer sind sie in der zweiten Wochenhälfte (Do. – Sa.) gefahren?

Antwort: _____

_____

Aufgaben zu **b)** und **c)**:

1. Wochenhälfte
(Mo.–Mi.)

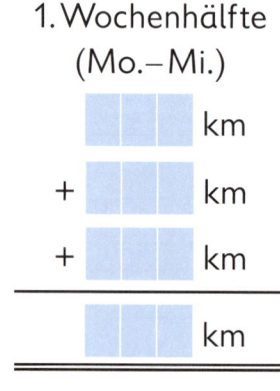
☐☐ km
+ ☐☐ km
+ ☐☐ km
——————
☐☐ km

2. Wochenhälfte
(Do.–Sa.)

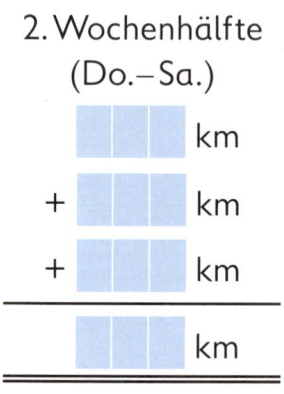
☐☐ km
+ ☐☐ km
+ ☐☐ km
——————
☐☐ km

d) In welcher Wochenhälfte sind sie weiter gefahren?

Antwort: _____

_____

1: Entfernungen finden, eintragen und addieren; vergleichen

Multiplizieren und Dividieren – Sachaufgaben

1

Auf dem Parkplatz vor dem Zoo stehen 25 Reihen für je 30 PKW zur Verfügung.
Wie viele Autos passen insgesamt auf den Parkplatz?

Aufgabe:

Antwort: _____

2 Der Kassierer am Parkplatz hat 231 Parkkarten
für PKW verkauft.
Wie viel Geld hat er eingenommen?

Aufgabe:

Antwort: _____

3 Am Montag kamen in das Aquarium des Zoos 960 Besucher.
Davon hatte jeder vierte Besucher eine Jahreskarte.
Wie viele Besucher mit Jahreskarte kamen am Montag
ins Aquarium?

Aufgabe:

Antwort: _____

1 Für den Zoobesuch hat die Lehrerin von den 40 Kindern der 3. Klassen insgesamt 320 € eingesammelt. Wie viel Euro hat jedes Kind bezahlt?

Aufgabe:

Antwort:

_____

_____

2 Für die Fütterung der Tiere im Streichelzoo benötigt der Tierpfleger täglich 70 kg Gemüse. Wie viel Gemüse braucht er für eine Woche?

Aufgabe:

Antwort:

_____

_____

3 Der Tierpfleger bringt mit dem LKW Löwen aus dem Leipziger Zoo in den Rostocker Zoo.
Die Fahrstrecke von Leipzig bis Rostock beträgt 387 km.
Wie lang ist die Fahrstrecke für die Hin- und Rückfahrt?

Aufgabe:

Antwort:

_____

_____

4 Zwei Wände im Zookino werden mit Holzplatten neu verkleidet. Eine Wand ist 960 cm breit. Dafür will der Tischler Platten mit einer Breite von 60 cm verwenden. Wie viele Platten werden benötigt?

Aufgabe:

Antwort:

_____

_____

_____

Aufgaben zum Knobeln

1 Enie, Leo, Clara und Ella stellen sich der Größe nach in einer Reihe auf. Das größte Kind steht am Anfang. Enie ist das kleinste Kind. Enie und Clara stehen nebeneinander. Sie sind kleiner als Ella. Leo ist größer als Ella.
In welcher Reihenfolge stehen die Kinder?

Namen: _____

2 Zeichne, probiere und trage die Augen ein.
Max hat diese Dominosteine. Er legt sie so, dass die Summe der Augen der Dominosteine in jeder Zeile 15 beträgt.
Wie hat Max die Steine gelegt?

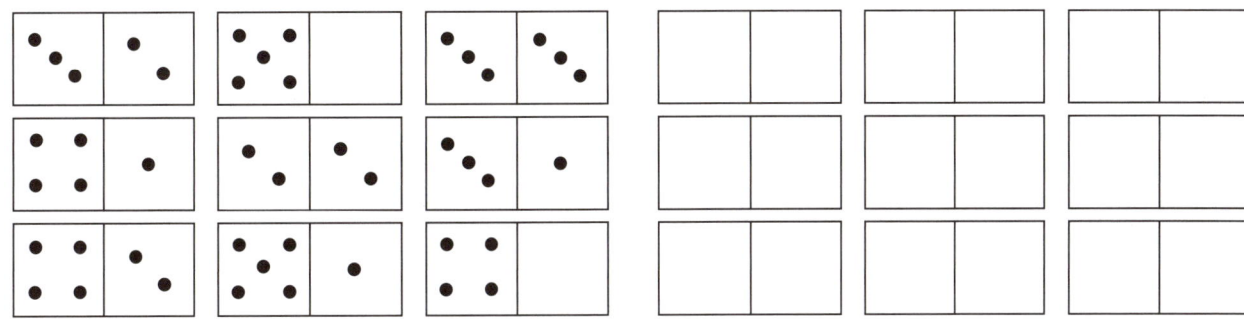

3 Zeichne in die Netze eines Spielwürfels die fehlenden Augen ein.

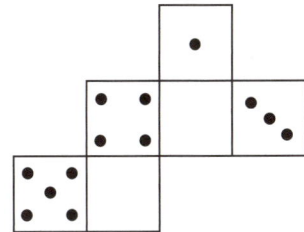
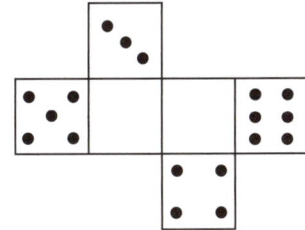
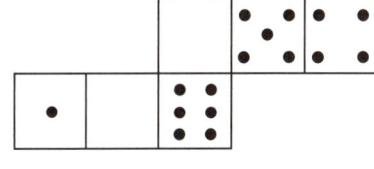

4 Anna lässt ihren Drachen steigen. Ben fragt sie nach der Länge ihrer Drachenschnur. Anna antwortet:
„Wenn ich fünfmal so viel Schnur hätte, dann wäre die Schnur 100 m lang."
Wie lang ist Annas Drachenschnur?

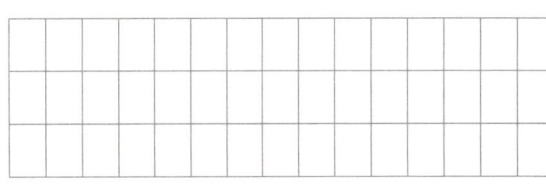

Antwort:

_____

Inhaltsverzeichnis

Auf den blauen Zetteln
findest du die Lösungen: